# Heranças e Tempestades

Copyright by © Petit Editora e Distribuidora Ltda., 2020
1-02-20-3.000

Coordenação editorial: **Ronaldo A. Sperdutti**
Capa: **Juliana Mollinari**
Projeto gráfico e diagramação: **Rafael Sanches**
Imagens da capa: **Shutterstock**
Assistente editorial: **Ana Maria Rael Gambarini**
**Roberto de Carvalho**
Revisão: **Alessandra Miranda de Sá**
Impressão: **PlenaPrint**

```
       Dados Internacionais de Catalogação na Publicação (CIP)
              (Câmara Brasileira do Livro, SP, Brasil)

    Kühl, Euripedes
        Heranças e tempestades / Euripedes Kühl. --
    Catanduva, SP : Petit Editora, 2020.

        ISBN 978-85-7253-356-0

        1. Espíritas - Conduta de vida  2. Espiritismo
    3. Heranças  4. Mensagens  I. Título.

20-33193                                       CDD-133.93
```

Índices para catálogo sistemático:

1. Mensagens espíritas : Espiritismo    133.93

Maria Alice Ferreira - Bibliotecária - CRB-8/7964

Direitos autorais reservados. É proibida a reprodução total ou parcial, de qualquer forma ou por qualquer meio, salvo com autorização da Editora.
(Lei nº 9.610, de 19 de fevereiro de 1998)
Traduções somente com autorização por escrito da Editora.
**Impresso no Brasil, 2020.**

---

Prezado(a) leitor(a),
Caso encontre neste livro alguma parte que acredita que vai interessar ou mesmo ajudar outras pessoas e decida distribuí-la por meio da internet ou outro meio, nunca deixe de mencionar a fonte, pois assim estará preservando os direitos do autor e, consequentemente, contribuindo para uma ótima divulgação do livro.

# *HERANÇAS E TEMPESTADES*

*Eurípedes Kühl*

Av. Porto Ferreira, 1031 - Parque Iracema
CEP 15809-020 – Catanduva – SP
17 3531.4444
www.petit.com.br | petit@petit.com.br

Todos os personagens, instituições e empresas citados aqui são fictícios. Se eventualmente houver correspondência real, trata-se de mera coincidência.

**Jesus alertou:**

"Não ajunteis para vós tesouros na Terra, onde a traça e o caruncho os corroem e onde os ladrões arrombam e roubam, mas ajuntai para vós tesouros no Céu, onde nem a traça, nem o caruncho corroem e onde os ladrões não arrombam nem roubam: pois onde está teu tesouro aí estará também teu coração".

(Mateus, 6:19-21)

## DEDICATÓRIA

Dedico esta obra ao amigo

Aluízio Antônio Nogueira,

que me ajudou a construí-la,

com a fraternidade que, de longa data,

sedimenta nossa amizade.

# SUMÁRIO

| PÁGINAS | |
|---|---|
| 9 | Apresentação |
| 13 | Prefácio |
| 17 | 1. Famílias |
| 23 | 2. Os Calvino |
| 37 | 3. Luxo e poder |
| 55 | 4. Vaidade, vaidade... |
| 71 | 5. Os ladrões, as traças e a ferrugem... |
| 83 | 6. Tempestades à vista: o inventário |
| 113 | 7. Nada se oculta para sempre |
| 127 | 8. O testamento |
| 141 | 9. Herdeiros insaciáveis |
| 155 | 10. A pedagogia da dor |
| 171 | 11. Abrigo de ventos fortes |
| 185 | 12. A Fundação Calvino |

## Apresentação

## Heranças

O que hoje possuímos corresponde exatamente ao que ontem nós mesmos depositamos em nossa conta perante a vida.

O Criador dá à criatura, como herança maior, a imortalidade. Essa é, indubitavelmente, a maior de todas as heranças, posto que incomensurável, infindável, muito superior à dimensão do tempo.

Entretanto, outras heranças são distribuídas a todas as criaturas, quais sejam: oportunidades, repetidas quanto necessárias sejam, de renovar experiências no processo simples da reencarnação.

É dessa forma que todos os homens, ao nascer, recebendo premiado bilhete de vinda, recebem, também, abençoado e irrecusável bilhete de volta, sem data conhecida para utilização, mas seguramente prêmio da Grande Viagem que contém fronteiras na vida e na morte.

Engana-se aquele que crê indispensável deixar bens terrenos aos descendentes. O amparo terreno é perfeitamente definido no Estatuto Divino lembrado por Jesus quando nos advertiu não nos preocupássemos com o amanhã. Naquela oportunidade, o Mestre situou as avezinhas como amparadas por parágrafos humildes daquele Estatuto e afirmou que nos seus artigos principais, no capítulo da "manutenção", o Legislador Maior contemplou-nos, a nós homens, com proficiência e certeza.

Não será pois de boa competência o preocupar-se com o que repassar a herdeiros. Não obstante, garantir-lhes estabilidade, certamente é ato de responsabilidade a que não se deve negar aquele que puder.

Provavelmente, como terceira grande herança divina, se considerarmos a criação a primeira, e a imortalidade a segunda, recebemos as fontes do magistério, constituídas pelo sempre aprender em todos os estágios e fundamentos do ato de viver: parentes, amigos, colegas e principalmente inimigos são fontes perenes de ensinamentos dirigidos essencialmente para cada um de nós.

E, no âmbito coletivo, incontáveis são os abnegados trabalhadores da Seara Universal que legaram, legam e sempre legarão sublimes dotes, incalculáveis heranças para toda a humanidade, a serem aplicadas nos campos:

- das artes puras, enaltecendo o Bem e o Belo;
- da fraternidade, na Medicina;
- das colheitas, na bendita multiplicação dos alimentos;
- do Espírito, em que a Filosofia não é teorizada, mas sim exemplificada no amor ao próximo, constituindo indeclinável convite ao mesmo reto proceder;
- da matéria, com conquistas científicas para atenuar as agruras terrenas e assim oferecer oportunidade para que os Espíritos ocupem esse espaço nas lides maiores da evolução.

Sim: somos todos herdeiros de muitas heranças.

Se nos cartórios da letra escrita gravam-se documentos de transferências futuras de posses mensuráveis, ao cristão não será lícito desaperceber que no Tabelionato Espiritual os dotes se destinam ao próprio doador. É-nos permitido ajuizar que, embora Jesus, meigo e tolerante, não incentivasse nem condenasse a poupança para herança, não olvidou, dentre tantos outros eternos ensinamentos, um matemático enunciado: referente ao retorno ao plantador dos grãos da caridade! Lição essa até hoje não integralmente aquilatada nem absorvida, certamente por ter sido complementada pela recomendação em armazenar tesouros no céu, só ali indenes a furtos ou acidentes.

O Bem é uma herança dada para nós por nós, representado por veículo que, uma vez posto em movimento, não mais interromperá a marcha rumo à luminosa imensidão do tempo. Aqui também é-nos permitido, em nome do amor aos outros, conduzir a reboque e em ajuda não só os descendentes do condutor, mas também os estradeiros do caminho, alienígenas, falidos, destrambelhados... mas sempre nossos irmãos!

(Mensagem do autor espiritual Josué, psicografia de E. Kühl, no *livro Âncoras* de Luz, 2003, Editora LEB, Bagé (RS), edição esgotada).

# Prefácio

*Heranças e tempestades*, eis um título primoroso para uma história comovedora. A temática, excelentemente bem arquitetada pelo autor, expede a imaginação do leitor para os prodígios da vida real. Muitos soçobram nas agitações sísmicas do ódio, assentes nas desconfiadas "perdas" diante das partilhas dos ambicionados espólios perecíveis.

Sem adentrar em pormenores sobre diferentes significados do termo *herança* (do latim *haerentia*) ou *espólio* (do latim *spollium*), conceituamos a palavra como o conjunto dos bens que integra o patrimônio deixado pelo desencarnado, e que serão partilhados, no inventário, entre os encarnados (herdeiros ou legatários). Herança é, portanto, o direito de herdar (receber algo de uma situação anterior).

A narrativa da obra nos demonstra que, via de regra, o homem contemporâneo sonha "receber uma herançazinha" de um parente próximo abastado, "estar bem na vida", "ganhar bem", e às vezes até contempla "trabalhar para enriquecer", porém, normalmente permanece sob miragens. É óbvio que esse desígnio materialista, dos tempos atuais, compõe a fórmula de ignorância dos valores espirituais na Terra, onde se verifica a inversão de quase todas as conquistas morais.

Foi esse excesso de inquietação, no mais desenfreado egoísmo, que provocou a ruptura familiar entre os personagens da obra, sob trágicas circunstâncias de crise moral, em cujos espetáculos sinistros experimentados podemos reconhecer que o homem atual necessita de mais verdade que de dinheiro, de mais luz que de pão.

Por outro lado, há pessoas riquíssimas que têm experimentado significativa desambição material. O magnata Warren Buffett, quarto homem mais rico do mundo, prometeu doar

99% de sua fortuna antes de desencarnar. Começou anunciando o direcionamento de 83% para a Fundação Gates. O bilionário afirmou que quer dar aos seus filhos somente o suficiente para que sintam que podem fazer tudo, mas não o bastante para acharem que não precisam fazer nada. O poderoso Bill Gates, primeiro homem mais rico do mundo, Michael Bloomberg, Nigella Lawson e o músico inglês Sting não deixarão suas fortunas como herança para os filhos. Todos eles defendem a tese de que seus filhos precisam trabalhar para ganhar o próprio dinheiro.

*Heranças e tempestades* é instigante. Os fortuitos herdeiros necessitam pensar que há bens infinitamente mais preciosos do que os da Terra, e esse pensamento ajudará a se desapegar destes últimos. Quanto menos valor se dá a uma coisa, menos sensível se fica à sua perda. O homem que se apega aos bens da Terra é como uma criança que vê apenas o momento presente; aquele que não é apegado é como o adulto, que vê coisas mais importantes, pois compreende essas palavras proféticas do Cristo: "Meu reino não é deste mundo".

A cobiça por uma herança é tão grave e real, que os benfeitores espirituais recomendam que se faça uma avaliação prudente sobre as questões referentes a testamentos, resoluções e votos, antes da desencarnação, para o desencarnado não experimentar choques prováveis ante inesperadas incompreensões de parentes e companheiros — pois o fenômeno da morte exprime realidade quase totalmente incompreendida na Terra.

O princípio segundo o qual o homem não passa de um depositário da fortuna que Deus lhe permite gozar durante a vida não lhe tira o direito de transmiti-la a seus descendentes. O homem pode perfeitamente transmitir, quando desencarna, os bens de que gozou durante a vida, pois o efeito desse direito está subordinado sempre à vontade de Deus, que pode, quando quiser, impedir seus descendentes de desfrutar deles; é assim que se vê desmoronarem fortunas que pareciam solidamente estabelecidas. Portanto, o homem é impotente na sua vontade, julgando que pode manter a fortuna em sua linha de descendência.

Quase sempre a partilha dos bens torna-se uma prova muito difícil, tanto para os encarnados quanto para os desencarnados. Allan Kardec explorou o tema na questão 328 do *Livro dos Espíritos,* quando indagou às "vozes do além" se o desencarnado assiste à reunião de partilha de seus herdeiros. Os benfeitores espirituais afirmaram: "Quase sempre. Para seu ensinamento e castigo dos culpados, Deus permite que assim aconteça. Nessa ocasião, o Espírito julga do valor dos protestos que lhe faziam. Todos os sentimentos se lhe patenteiam e a decepção que lhe causa a rapacidade dos que entre si partilham os bens por ele deixados o esclarece acerca daqueles sentimentos. Chegará, porém, a vez dos que lhe motivam essa decepção".

*Heranças e tempestades* nos transporta para as eras apostólicas, quando alguém da multidão pronunciou a Jesus: "Mestre, dize a meu irmão que reparta comigo a herança". Ele respondeu: "Homem, quem me estabeleceu juiz ou árbitro da vossa partilha?" Depois lhes disse: "Precavei-vos cuidadosamente de qualquer cupidez, pois, mesmo na abundância, a vida do homem não é assegurada por seus bens", consoante narra o evangelista Lucas, no capítulo 12, *versus* 13-15.

Brasília, DF, março de 2017
*Jorge Hessen*

# 1. Famílias

A família é de instituição divina e, por isso mesmo, o mais sagrado instituto da humanidade. É o mais poderoso traço de união de Espíritos, quase sempre vinculados reciprocamente.

Outro instituto criado por Deus é o da reencarnação — vidas sucessivas —, com tempos de existência terrena e outros de existência espiritual, tudo com a finalidade precípua de promover a evolução dos seres — evolução que necessariamente progride com a prática do amor.

Na família, o fator reencarnacionista é elemento altamente positivo para retificar destinos, ajustar convivências, reparar erros, quitar débitos, construir amizades eternas...

Esse fator não pode nem deve ser considerado fatalista; ao contrário, dependendo do comportamento de cada um, sofrerá sempre alterações, na base de agravantes ou atenuantes. A escolha é livre.

Se os fatos do pretérito impulsionam emoções e ações no presente, nem por isso devemos ser prisioneiros ou escravos do passado; bom será nosso destino se aproveitarmos as lições que a pedagogia da dor já nos tenha proporcionado, evitando novos dissabores, seja no nosso hoje ou no inexorável amanhã.

Reunidos sob um mesmo teto, os membros que compõem uma família têm permanentes possibilidades de estreitar afetos e aparar eventuais arestas, muitas delas, quase todas, aliás, oriundas de vidas passadas, nas quais uns contraem dívidas com outros...

É nesse ninho doméstico que se antepõem dificuldades de toda monta à paz de seus integrantes — na maioria das vezes cobradores contundentes diante de devedores perplexos, eis que os comprometimentos das vidas passadas se fazem presentes, daí podendo eclodir crises e problemas a todo instante.

E é o que geralmente acontece...

— Por quê?

— Porque somos todos réprobos em difíceis tratos de reconstrução moral, imaturos espirituais de tantos e tantos tempos, acumulando equívocos ante a lei do amor, ofendendo a muitos e assim colecionando mais e mais inimigos. Agora, somente a bondade do Pai, por meio do instituto da família, possibilita-nos os reajustes necessários, a par do resgate dos débitos de antanho.

Mas não apenas com familiares... Simpatia e antipatia, irmãs gêmeas dos sentimentos que não pedem licença à nossa alma para nela se fixarem, aproximando ou distanciando pessoas em nossa vivência.

A justiça divina é tão sábia como são todas as coisas de Deus, que possibilita no encontro familiar a oportunidade abençoada do exercício do perdão. Este se dá por meio de atitudes corporativas entre os familiares, quando o devedor recebe dos mecanismos reencarnatórios condições de quitar débitos, através de atitudes de apoio, de socorro, de amparo e bom encaminhamento do credor.

Como exemplo genérico, não radical, mas majoritário, podem ser citados o carinho e a proteção que os pais dispensam permanentemente aos filhos, jamais lhes negando amor e, por múltiplas vezes, sacrificando horas de descanso.

Configuração exemplar de reajuste expõe casos de grandes amores, instantâneos, fulminantes, iluminando dois corações que, empós algum tempo de convivência, desandam em intolerância, de um ou de outro, ou recíproca.

É assim que a humanidade presencia em quase todos os quadrantes da Terra as uniões de dois seres apaixonados, muitas das quais não resistindo às ocorrências da convivência, quando sem concessões não se sustentam. Geralmente filhos são tolhidos no vendaval das separações.

Paralelamente ao convívio na família mais adequada à nossa evolução, também o exercício profissional, na maioria dos casos, irmana-se a ele, promovendo proximidade com estranhos em encontros "agendados" lá para trás. Sim, a convivência no trabalho é oportunidade ímpar para aproximar desafetos de simples querelas ou fatos graves inaugurados em vidas passadas e exigindo pacificação.

Não se pergunte, nesses casos, quem é o devedor e quem é o cobrador. Um simples exercício de observação e coleção de atitudes de um e outro põe a descoberto para a razão quem feriu quem. E daí, claro que, com intenso esforço, a vida mostra quem tem de ceder, ou melhor, quem tem de pagar. Caso de cobrador e devedor...

À frente dessas batalhas íntimas, na família ou na profissão, uma luz será ligada na corrente elétrica universal do amor e iluminará para sempre aqueles que se pacificam pelo perdão que não deixa rastros.

Verdade de todos os tempos e de todos os seres humanos é que inimigos que se entendem, perdoando-se por inteiro na existência terrena, para sempre serão amigos fiéis. E, quando um dos dois atravessar o Rio da Vida para a outra margem, o coração do que ficou, dantes adverso, desde agora verterá lágrimas doces de saudade pelo que partiu. Em sua alma, a esperança estará arrimando-o: *Não há separação definitiva, ele apenas foi na frente...*

Uma das pétalas mais fortes e sublimes do leque do amor é o amor maternal: a criança que chega à luz sob a segurança e guarda incomparável da mãe, para logo se aclimatar a esse amor e a essa proteção. É assim que, logo de início na nova existência terrena, em havendo dívida materna relativa ao filho, tantos laivos de ódio se clareiam e se desfazem.

O mesmo se poderá dizer, embora em menor escala de intensidade, com relação ao pai que, até seus últimos dias de vida terrena, protege os filhos em todos os lances de sua existência, do nascimento à fase adulta.

Sim: o amor materno e o amor paterno são poderosíssimas ferramentas da criação de Deus quando engendrou o mecanismo de ajustes e reajustes de seres compromissados uns com os outros, unindo-os na família.

Instintivamente, o ser humano tem tendências naturais para se juntar a semelhantes, isso a soldo da inteligência, que bem demonstra que, unidos, tornam-se mais fortes, senão invulneráveis, a inúmeros perigos.

Essa aproximação que une criaturas de comportamentos díspares, além de promover segurança, tem também a incomparável resultante de aprendizados, com trocas de experiências vivenciais.

Na parte orgânica, a genética bem leciona que, quanto mais distantes forem as origens de um casal — genes diferenciados —, mais saudáveis serão os filhos que da sua união resultarem.

Mas, na parte espiritual, a que acompanhará o ser até o infinito a partir da sua criação, outra é a tela expondo o enredo que une uns aos outros. Nas diversas existências terrenas vão se acumulando entrosamentos, simpatias, admiração, respeito, carinho e sobretudo fraternidade entre os seres.

As contradições, com o tempo, sempre se dissolvem.

Esse o cenário ideal, por enquanto utópico, do planeta Terra. Isso porque nem sempre as pessoas se compreendem, se entendem, conseguem conviver, administrar opiniões contrárias e principalmente: perdoar.

Outra não foi a intenção de Jesus, segundo se pode deduzir, ao aconselhar o perdão de uma parte a outra, ou recíproco, capaz de reconciliá-los. Isso, antes do retorno da vida presente à pátria dos Espíritos. Na passagem de Mateus (5-23 a 26), o Divino Mestre adverte que enquanto estamos aqui (no plano da matéria) nossas orações a Deus devem ser precedidas da reconciliação com nossos inimigos. Não o fazendo, estaremos sujeitos à prisão, isto é, a um cativeiro moral representado pelo remorso que inexoravelmente nos visitará quando a consciência nos mostrar a oportunidade perdida... E desse cativeiro só nos libertaremos quando eliminarmos o desajuste que tenhamos provocado, ou seja, reconstruirmos aquilo que tenhamos destruído.

É quando a lógica invencível da razão plena, de par com a fé na justiça divina e no amor infinito do Criador, levará o Espírito a ser grato ao Pai pelas bênçãos das vidas sucessivas — a reencarnação.

Assim, na família, quando seus membros se locomovem no dia a dia nas trilhas do amor, desaparece até mesmo a necessidade de perdoar, eis que ninguém acusa ninguém de nenhuma falta, ninguém se ofende, mas sim sempre são acionados mecanismos de doação voluntária de tolerância, antídoto seguro contra o melindre.

A vida passa a proporcionar vitórias diárias. De paz! De amor!

## 2. "Os Calvino"

A narrativa desta obra, na verdade, começa aqui, buscando mostrar como as famílias vivenciam erros e acertos, perdas e ganhos, derrotas e vitórias que, no turbilhão da vida, colocam entre quatro paredes almas tão diferentes quanto a sentimentos, emoções, personalidade, caráter e solidariedade.

Por vezes, ódios...

De outras feitas, por enquanto mais raras, o amor!

Numa cidadezinha do interior, há muitos anos, nasceu uma criança que recebeu o nome de Diogo. Seu pai tinha o sobrenome Calvino e por isso o bebê passou a se chamar Diogo Calvino.

O sobrenome "Calvino", de várias gerações naquela família, devia-se ao fato de um dos parentes ancestrais dos atuais Calvino ter ouvido, certa vez, alguém repetir a seguinte frase do pensador francês João Calvino (1509-1564), que teve papel histórico fundamental no processo da Reforma Protestante: "A oração é o antídoto para todas as nossas aflições"[1].

Referido parente, talvez trisavô, gostou tanto dessa frase que mandou um artista copiá-la em xilogravura (entalhe na madeira). Essa tábua gravada, atualmente, pertencia ao pai de Diogo.

A família de Diogo era muito pobre, mas trabalhadeira.

De comum acordo, seus pais decidiram que não teriam mais filhos.

Quando Diogo cresceu, adolescente ainda, enfrentando a rusticidade da vida minguada de recursos materiais, cedo teve que começar a trabalhar, com prejuízo da frequência à escola.

Empregado em um humilde armazém de secos e molhados, no dizer de antigamente, foi contratado para realizar faxina antes da abertura das portas à freguesia, bem como após

---

[1] CALVIN, John. Commentary of the Nook of Psalms, vol. VI/4, p. 379.

elas fechadas. A cada dia observava a atitude e a reação dos fregueses, a cada compra, diante da forma como eram tratados. Bem cedo captou que os que eram bem atendidos voltavam sempre, ao passo que os que por algum motivo se aborreciam nunca mais voltavam.

Sua obrigação, praticamente, a par das duas faxinas diárias, era levar as compras às residências. Como às vezes eram pesadas tais compras, construiu precariamente um carrinho que fez de um reforçado caixote, ao qual adaptou rolimãs gastos trocados em caminhões, e assim realizava as entregas com menor esforço.

O tempo andou, e Diogo, aos vinte e um anos, ainda trabalhando no mesmo armazém, casou-se com Anamaria, ambos apaixonados e pobres... Mas na certidão de casamento fizeram constar: "em comunhão de bens".

Na verdade, de bens, o que jovem casal tinha era e foi seu grande amor.

Diogo, mesmo com dificuldades, ajudava pessoas em situação difícil. Sempre arrumava um jeito de distribuir adjutórios...

Seus pais o educaram bem, e o filho nunca alimentou nenhum vício.

Observando como os fregueses eram tratados, aprendeu que a gentileza, a pontualidade, a assiduidade, a humildade, a honestidade e, sobretudo, o bom humor eram as principais ferramentas do sucesso, em qualquer atividade comercial. Benjamin, o proprietário do armazém, sempre dialogava com a esposa quando se tratava de estabelecer o preço de uma nova mercadoria. O casal pautava as vendas com preço justo, com lucro razoável, jamais tendo preços exacerbados em relação ao custo.

Assim, até ficar adulto, Diogo trabalhou desde faxineiro indo até o cargo de gerente comercial do armazém, que cresceu bastante. Tanto que casou com sua amada Anamaria, pois o salário, mediano, autorizava o casal a formar um lar.

De surpresa, o patrão deu-lhe de presente de casamento suprimento alimentício para a formação de um modesto armazém, em prédio algo retirado, que Diogo alugou a preço barato.

Esse foi o primeiro adjutório abençoado que Diogo e Anamaria ganharam, auxiliando-os nos primeiros tempos de casados, pobres que eram. O terreno lá na praia era quase inacessível, quase nada valendo, mesmo assim foi o segundo adjutório.

Desde o primeiro dia de trabalho no armazém, Benjamin tratara Diogo com respeito, jamais o repreendendo em público sobre alguma eventual falha. Proporcionava alimentação correta para Diogo e nunca solicitara do empregado, desde quando adolescente, trabalho incompatível com suas forças. Muitas vezes, Diogo tivera momentos de alguma doença passageira e, nessas ocasiões, o patrão não descontava os dias que ele não comparecia ao trabalho.

Benjamin era um homem digno, um homem de bem.

Mais alguns anos e o antigo patrão chamou-o. Emocionado, ofertou:

— Sabe, Diogo, eu e Sofia já estamos com vontade de nos aposentar; não temos filhos e decidimos vender nosso armazém para você.

— Mas, senhor Benjamin, eu não tenho como pagar.

— Isso a gente ajeita. Nosso pensamento é que você fique dono do armazém e vá pagando à medida que puder. Temos um pequeno sítio à beira do rio e é para lá que vamos nos mudar. Graças a Deus conseguimos guardar um bom capital e assim não teremos problemas de ordem financeira.

Tomando ar, Benjamin suspirou e prosseguiu:

— O mais importante é que nosso armazém, que foi e é a bênção da nossa vida material, permaneça em mãos honradas e não feche as portas.

Sofia, esposa de Benjamin, atalhou:

— Vocês são as únicas pessoas nas quais confiamos. Benjamin está falando muito, mas o fato é que, se vocês não puderem pagar, nem por isso o armazém deixará de ser de vocês. Você, Diogo, posso assegurar que no meu coração é o filho que não nasceu do meu casamento com Benjamin, mas sim o filho com o qual Deus nos contemplou.

Lágrimas abundantes diziam para Diogo e Anamaria que estavam diante de protetores enviados pelos céus...

Abraçaram-se comovidamente, os quatro.

Benjamin, olhando para o céu, pensativo, sonhador, contou para Diogo:

— Lá no nosso sítio tem "gente" nos esperando...

Diogo não entendeu. Benjamin esclareceu:

— Quando falo "gente", na verdade estou brincando, pois quem nos espera é uma égua, a Safira, e o filhote dela, o Luar. Mãe e filho pertenciam ao dono do sítio vizinho ao nosso, que aliás nem tem cercas separando um do outro. Nas várias vezes que eu e Sofia visitamos nosso sítio, íamos visitar os vizinhos, e, como eu e minha mulher gostamos muito de animais, cavalos em particular, fazíamos algum carinho na Safira e no Luar.

Respirou fundo e, com os olhos brilhando, acrescentou:

— Sendo dono de armazém, sempre vendi cereais para donos de cavalos e adestradores, tais como aveia, cevada, centeio, trigo, milho e açúcar. Esses, conforme me ensinaram, são os alimentos mais indicados para cavalos. Quase todos esses eu sempre tive no armazém, como você mesmo viu tantas vezes. Outra coisa muito boa para os cavalos é o açúcar, de preferência em torrões dissolvidos em água. Mas a gente pode também levar no bolso ou na mão umas pedrinhas e oferecer a eles. É um verdadeiro fazedor de amigos.

Perguntou a Diogo:

— Você gosta de animais? De cavalos?

— Sim, senhor Benjamin, gosto muito de animais. Sempre tive predileção por gatos. Quanto a cavalos, muitas vezes me questiono se está certo trabalharem tanto puxando carroças em um tempo em que existem motores para tudo.

— Pois é... O vizinho me chamou há poucos meses e avisou que ia se mudar para a cidade com a família. Perguntou se eu não queria ficar com Safira e Luar, já que mãe e filho gostavam muito de mim e da Sofia...

— E o que o senhor respondeu?

— Que ia pensar. Comentei com ele que na maior parte da minha vida e da minha mulher passamos lá junto do nosso armazém. O vizinho então disse que um empregado dele pediu que o indicasse para continuar no sítio como empregado do eventual novo dono. Assim, se eu quisesse, esse empregado poderia cuidar da Safira e do Luar... Estávamos nessas tratativas iniciais para decidir, quando uma coisa inacreditável aconteceu: no momento em que conversávamos, Safira se aproximou, com o potro junto dela, e começaram a passar a testa nas minhas costas. Os dois!

— Deixe eu adivinhar: o senhor decidiu na hora ficar com eles...

— Não, na verdade, já estava decidido.

— E daí? O que foi resolvido?

— Perguntei o preço dos dois animais, e o vizinho simplesmente deu-me um abraço e respondeu: "Que o senhor tenha amor por eles e os trate bem até o fim da vida deles". Assim, Diogo, creio que você vai entender por que esse fato também corroborou na nossa decisão de encerrarmos o trabalho por aqui e nos mudarmos lá para o sítio.

Quanto mais o tempo passava, mais Diogo progredia no ramo comercial de alimentos a varejo. Ampliou o pequeno negócio original e fez o mesmo com o armazém praticamente herdado de Benjamin e Sofia.

Em uma viagem que precisou fazer até a cidade grande, para tratar pessoalmente com seus fornecedores, recebeu de alguns deles oferta de aumentar as compras no atacado, para barateá-las no varejo.

Esperto e visionário, Diogo viu naquelas ofertas um verdadeiro "ovo de Colombo" e, quando retornou à sua cidade, foi para tratar da venda do seu armazém original e da manutenção do que tinha comprado de Benjamin — que, aliás, já era inteiramente seu.

Era questão sentimental manter aquele armazém em plena atividade.

Nomeou pessoa de confiança e projetou mudar-se para a cidade grande, para lá construir um supermercado.

Conhecendo os fornecedores há vários anos, foi de um a um propondo ajudá-lo a montar um supermercado na grande cidade.

Inteligente e perspicaz, sugeriu que as mercadorias ficassem em consignação e, se por acaso decorridos três meses não conseguisse capital para indenizá-los, tinham plena liberdade de ir ao supermercado dele retirar o saldo não vendido.

Mas a surpresa foi tamanha e tanta pelas vendas, que os atacadistas logo entenderam que aquele honesto homem de negócios, que com tanto zelo fazia seu negócio progredir, merecia mais crédito.

Realizando esse sonho, o tempo se encarregou de mostrar o acerto da mudança para a cidade grande, onde, aliás, ficaria até o fim de sua vida.

Do seu casamento com Anamaria nasceram quatro filhos: Marcos, Tadeu, Mariana e André.

Sobre os filhos:

Marcos: casado com Judite. Tinham um filho, Antônio, casado. Irresponsável, o primogênito de Diogo nunca trabalhara; alcoólico compulsivo, várias vezes fora internado, passando por caríssimos tratamentos médicos. Esses tratamentos, na verdade, não o curaram do vício; apenas concederam-lhe mais algum tempo de vida. Não abandonasse de vez as bebidas, por certo abreviaria sua morte. Nunca ouvira os conselhos do pai, que sempre procurara ajudá-lo a abandonar o álcool. Inúmeras providências Diogo intentara em benefício desse filho, que a todas recusara, ou, se as aceitava, era para logo descartá-las. Triste ironia: o filho mais velho do riquíssimo comendador Diogo não trabalhava, era doente, e a família vivia quase em penúria.

Tadeu: era o segundo filho de Diogo. Em determinada época, ainda jovem, ao se confessar homossexual, para o pai isso representara a mais pesada cruz na vida. Não tivessem sido a calma e a força materna de Anamaria em manter a união familiar, e Diogo o teria expulsado de casa a pontapés, segundo dizia, em surdina, à esposa.

A mãe patrocinara seus estudos de advocacia e pouco tempo após dele se formar ela faleceu. Tadeu, então, mudou-se para a cidade sede da faculdade, na qual se formara em Direito.

Inteligentíssimo, ali instalou banca e logo ficou famoso pela forma como conduzia os processos que seu escritório de advocacia aceitava.

O fato de Anamaria ter arcado com todas as suas despesas de manutenção e formação educacional superior, até ele próprio conseguir livrar-se dessa ajuda, sempre fora causa de indignação por parte do pai e de Marcos, que não se conformavam com essa "proteção particular" materna — o pai, porque discordava disso e Anamaria o desobedecia; o irmão, por simples inveja.

Da vida particular de Tadeu, que mantinha sempre discreta, pouco os familiares sabiam: apenas que vivia com um parceiro. Aliás, sabendo-se que não há segredos, à boca pequena se dizia que doara ao companheiro metade do que tinha, isto é, seu escritório de advocacia, pois o parceiro era advogado também...

Mariana: terceira filha, enfermeira-chefe de um dos hospitais daquela capital, casada com Francisco (marceneiro muito competente e trabalhador), mantinha seu lar em harmonia, sempre frequentando, com o marido e o filho, a Igreja Católica próximo onde moravam. Semanalmente assistiam à missa dominical. Seu filho, Jerônimo, foi educado dentro dos parâmetros do catolicismo, sendo estudioso e dócil; casou-se com Cármen, ele e ela jovens, e já tinham dois filhos: Túlio e Alexandre.

Finalmente, André: o caçula, espírita desde jovem, não quis viver à custa do pai nem da mãe, trabalhando e formando-se contador em um curso noturno pago por ele próprio. Casou-se, também jovem, com Cristina e tinham um filho: Lucas.

André frequentava uma instituição espírita, onde se incumbira de promover atividades assistenciais. Mantinha a família com vida digna, sem carências, mas também longe da opulência dos Calvino, mesmo sendo ele um deles...

Diogo e Anamaria, portanto, tinham netos e bisnetos.

Ele jamais deixou de proteger seus pais e os de Anamaria, pobres.

Ao se mudar para a cidade grande, o casal fez de tudo para levar os pais com eles, os quais, alegando terem "raízes amigas" onde moravam, não quiseram acompanhar os filhos.

Diogo e sua família, enquanto os filhos e netos eram pequenos, quase sempre visitavam os pais dele e os de Anamaria. Algumas vezes, quando um deles precisava de cuidados médicos, Diogo providenciava que fossem muito bem atendidos.

Para não alongar, o fato é que, passados muitos anos, Diogo era proprietário de uma rede de supermercados, todos eles lucrativos.

Na cidade, sua fama já era de homem muito rico...

Nessa época, seus pais, bem como os de Anamaria, já tinham ido para a outra margem do Rio da Vida...

O pensamento geral na sociedade onde Diogo mantinha seu império era de que naquela família reinava a felicidade, ninguém sequer imaginando que, na realidade, imenso antagonismo rondava a paz familiar — antagonismo que imperava e era crescente dia a dia...

Com efeito, a família Calvino, materialmente tão poderosa, era chamada por todos na cidade de "os Calvino", quase sempre sem especificação de a qual dos familiares se fazia referência.

Quando Diogo completou setenta e sete anos, ficou viúvo.

Nenhum filho permaneceu morando com o pai, pois, quando a mãe morreu, Tadeu, o único solteiro que ainda morava na casa em que nascera, como já foi dito, deixou o lar, indo residir em outra cidade.

Assim, Diogo vivia em sua portentosa mansão isolado dos familiares. Já era avô e bisavô, pois três netos já tinham filhos.

Sempre bem assessorado por advogados, coube-lhe a metade da herança dos bens do casal (essa metade é chamada de "meação", sendo devida ao cônjuge sobrevivente no casamento com comunhão de bens); a outra metade, denominada "legítima", foi destinada aos quatro filhos, sendo repartida em partes iguais.

O difícil inventário e a respectiva partilha legal foram complicados, pois Marcos e Tadeu não se conformavam com a exclusão da mansão da família entre os bens a serem repartidos.

Diogo não abriu mão do seu direito de moradia real na mansão em que vivia com Anamaria, segundo entendimento do Superior Tribunal de Justiça (STJ), que concede tal direito ao cônjuge supérstite (o que sobrevive).

Assim, partilha desse bem só poderia ocorrer entre os filhos quando do falecimento de Diogo, e ele, percebendo a ganância de Marcos e Tadeu, propôs aos filhos incluir na partilha da herança materna metade do valor da finíssima residência. Esse valor seria retirado da meação.

Marcos confabulou com Tadeu:

— Quando papai morrer a casa vai ser mesmo nossa... Vamos concordar, para aumentarmos nossa cota na herança materna.

Por isso, e para não haver demora na partilha, Marcos e Tadeu forçaram Mariana e André a aceitarem a proposta paterna.

Eles cederam.

Dessa forma, para a partilha, Diogo concordou em abrir mão de valor correspondente à metade do valor da mansão, que assim passou a ser inteiramente sua.

Por causa dos embaraços criados por Marcos e Tadeu, Diogo, estressado ante a cobiça e as desavenças criadas por eles, tinha ameaçado levar o caso à justiça. Os descontentes, sabendo o que isso significava, isto é, que a partilha poderia se prolongar por anos e anos, fingiram-se calmos e aceitaram o que os advogados de Diogo proclamavam: dividir os cinquenta por cento da herança pela "legítima", isto é, pelos quatro descendentes do casal, incluindo metade do valor da mansão.

Marcos e Tadeu, os filhos dissidentes, amedrontados, na verdade apavorados, concordaram, pela ansiedade em receber logo o que lhes era de direito, mas pensando em mais quando o pai morresse...

Feita a partilha do patrimônio familiar, Marcos e Tadeu preferiram receber em dinheiro a parte que lhes era devida, não aceitando a sugestão do pai de receber ações dos supermercados, ou alguns dos inúmeros imóveis que Diogo possuía.

Tadeu, além de dinheiro, apreciador de pinturas em tela, também ficou com alguns quadros bem avaliados da coleção do pai. Diogo manteve os quadros mais valiosos e outros objetos igualmente de grande valor.

Mariana e André deixaram à decisão do pai o que melhor lhe aprouvesse. E assim, na partilha, enfim de comum acordo com o pai e os quatro filhos, Mariana ficou com as joias da família, um vistoso prédio de apartamentos bem localizado e algum dinheiro; André recebeu sua parte em imóveis de considerável tamanho, mas ainda sem infraestrutura, alguns em outro estado e também certa importância em dinheiro.

O principal imóvel de André media duzentos metros de frente para o mar e tinha quinhentos metros de extensão, sendo situado em zona litorânea inabitada, ainda virgem, em uma praia deserta e de difícil acesso, não muito distante de onde a família Calvino residia. Essa enorme área, várias vezes o pai de Diogo quis vender, mas jamais despertara o interesse de algum pretendente. Situava-se próximo ao modesto hotel no qual Diogo e Anamaria tinham se hospedado quando se casaram. Foi ainda na lua de mel que o pai de Diogo deu esse terreno de presente ao casal, na verdade único presente possível, em face da pobreza na qual ainda viviam... Aliás, vinha de longe a posse desse terreno na família de Diogo, pois seu avô paterno, construtor, o adquirira quando ainda jovem, como pagamento de uma obra realizada por ele em outro terreno do antigo dono.

O avô de Diogo sempre quis vendê-lo, mas em várias tentativas não encontrou interessados.

Citada área nunca despertara a atenção nem a curiosidade dos filhos de Diogo, exceção de André, que por algumas vezes ia até lá, enfrentando as dificuldades da estradinha que a ela dava precário acesso. Nessas poucas vezes, André permanecia ali por duas ou três horas, em caminhadas tranquilas e meditando, contemplando a bela praia de ondas calmas e tranquilas.

O próprio Diogo nunca dera atenção àquele terreno, que, junto com outros também inexplorados, ficavam de frente para a praia larga e de grande extensão. Esse imóvel virgem, ao lado de outros de donos desconhecidos, era coberto por vegetação do tipo cerrado. Um notável fato era que a orla praiana, de alguns quilômetros, em várias partes era protegida por árvores de abricó-da-praia (o abricó é um fruto comestível ao natural, de propriedades medicinais). Essas árvores formavam verdadeira cerca viva entre a praia e o cerrado. Naturalmente alguém as plantara, e eram resistentes aos ares marinhos, não necessitando de solo tão fértil, como o que tem areia por fronteira.

Um grande mistério aureolava essa magnífica paisagem marítima tão desértica, com aquela fileira de árvores proporcionando agradável sombra em algumas partes da praia: quem as teria plantado?

Folcloricamente, os mais antigos contavam que há um ou dois séculos ali residira uma tribo indígena, sendo ela a responsável por esse plantio...

Assim, concluída a partilha da herança de Anamaria, Diogo ficou ainda com grande importância em dinheiro e os demais bens móveis e imóveis (neles incluída a mansão), que eram poucos, mas os mais famosos quadros de pintura — tudo, somado, representava seus cinquenta por cento, ou seja, a metade de toda a fortuna que o casal acumulara.

Para atender Marcos e Tadeu, o pai tivera que vender alguns dos supermercados de sua rede e parte dos veículos de transporte. Expressivas foram as quantias em dinheiro que Marcos e Tadeu receberam...

Marcos, que sempre fora arrimado pela mãe, não tardou em dilapidar a grande soma em dinheiro recebida da herança materna. Sem os três imóveis de aluguel que a esposa o obrigara a comprar quando do recebimento do dinheiro, e a família agora estaria praticamente passando fome.

Tadeu, ao ficar órfão materno, incapaz de suportar por mais tempo a atitude do pai, que beirava a desprezo, abandonou-o, sem sequer despedir-se.

Mariana e Francisco, com a parte da fortuna recebida montaram uma fábrica de móveis, que ele administrava. Ela, por amor à profissão, prosseguia como enfermeira-chefe.

André, amante da natureza, preferiu receber a área praiana na sua parte da herança materna, a qual visitava periodicamente.

Aliás, repetindo, nenhum dos outros irmãos jamais tivera a mínima curiosidade de ao menos conhecer o local herdado por André; apenas ele, que, com a parte em dinheiro que ainda herdara, tinha trocado de residência, passando a residir em uma bem maior e mais confortável. Com a parte em dinheiro em espécie que herdou comprou algumas terras baratas em outro estado. Logo após, arrendou essas terras, nas quais canaviais davam-lhe razoável retorno financeiro.

Durante os três anos de viuvez, Diogo Calvino manteve-se à frente dos supermercados, administrando-os com agudíssimo tino comercial. Arguto e bem informado, sabendo da grande procura do mercado da construção industrial, quando ficou viúvo, da sua parte de meeiro (cônjuge com direito a metade dos bens do casal — a meação) investiu boa quantia na compra de ações de uma aciaria nacional (unidade em usina siderúrgica em que o ferro-gusa é convertido em aço) que produzia com inigualável qualidade vários tipos de aço para construção e indústrias em geral. Pouco tempo após comprar as ações, elas subiram estratosfericamente, o que levou Diogo a vendê-las com enorme lucro, que aplicou em mais supermercados — o que significa dizer: em mais investimentos para a construção das obras de outro fantástico projeto dele...

## 3. Luxo e poder

O sofisticado bufê esbanjava bom gosto, luxo e sobretudo competência naquele acontecimento social, contratado, programado e patrocinado pelo riquíssimo Diogo Calvino, o aniversariante, no seu octogésimo aniversário.

Sob rigorosa supervisão do chefe da poderosa família dos Calvino, o bufê fazia jus à fama internacional; todos os empregados trajavam uniforme especialmente confeccionado para aquela recepção, com cláusula contratual de utilização só naquela oportunidade; o *chef* mais conceituado, segundo *ranking* nacional de gastronomia, fora convocado para elaborar o finíssimo cardápio, cuja preparação demandara uma semana, sob esmerado manuseio de dez especialistas selecionados.

As iguarias eram nacionais e internacionais; estas, em grau maior.

Idem quanto às bebidas, aí se incluindo até mesmo água...

Praticamente metade da orquestra filarmônica da cidade ali estava, deliciando os seletos convidados, que, sendo ricos também, mas não tanto quanto os Calvino, aproveitavam a ocasião para demonstrar seu sucesso financeiro.

Assim é que a toda hora mais um helicóptero aportava no bem cuidado heliponto, um pouco afastado da residência de Diogo. Os passageiros, ao descerem da aeronave — quase sempre só um casal e algumas vezes apenas uma pessoa —, eram conduzidos por uma das limusines até a entrada da fantástica mansão dos Calvino, onde, à entrada, o anfitrião os recepcionava do alto da imponente escadaria de mármore.

Os degraus estavam ornamentados nas laterais por belíssimos arranjos de orquídeas.

Ladeando Diogo, quatro violinistas, dois de cada lado,

executavam suaves melodias, conferindo encantamento à cena.

Alguns helicópteros, a mando dos proprietários aos seus pilotos, não desciam logo; antes davam três voltas sobre a mansão e o ponto de pouso. Premeditada manobra para mostrar que chegavam...

Outros, vindo em automóveis, limusines na maioria, sentiam leve frustração quando, antes de estacionarem à entrada da mansão, tinham que esperar veículos semelhantes que traziam os passageiros dos helicópteros — eram limusines serviçais de plantão iguais ou até mais sofisticadas do que as suas. E pior: necessariamente, quem chegava de helicóptero demonstrava-lhes naipe superior ao deles.

Três cronistas sociais foram minuciosamente escolhidos para reportar aquilo tudo, sendo que receberam "ajuda de custo" para se apresentarem à altura, isto é, trajados com esmero e bom gosto. De fato, sem esse adjutório, não teriam condições de fazerem figura ali. O mesmo se deu para experientes e também famosos cinegrafistas e fotógrafos, que completavam a equipe de serviço. Tudo estava sendo filmado.

Essa palavra — *adjutório* —, que significava "ajuda", era a preferida, de longa data, do patrocinador daquela comemoração.

Detalhe inescapável, não se saberia dizer se mais para os cronistas sociais ou aos convidados em geral, era o desfile inflado de imensa vaidade por parte dos que eram recepcionados pelo anfitrião.

Se os homens esnobavam os veículos que os tinham levado até ali, as mulheres, não deixando por menos, ostentavam trajes das mais famosas grifes internacionais. Era óbvio que seus deslumbrantes vestidos não deixavam a etiqueta à mostra, embora, no íntimo, todas, sem exceção, bem que gostariam disso.

Mas o talhe, as costuras, apresentando modelos inéditos, alguns plenos de bom gosto — a maioria nem tanto —, a harmonia nas cores, bem como a alta qualidade dos tecidos e aviamentos empregados, expunham a origem de famosos modistas.

E, de rico para rico, isto é, de rica para rica, cada mulher sabia, ou melhor, intuía a procedência da roupa, o que, em muitas, se não em todas, fazia germinar instantânea e irrefreável inveja.

Só que o vestido apreciado em um instante não tardava a ser esquecido quase em seguida, pois outro vestido, ainda mais iridescente, desfilava vitoriosamente, enobrecido por complementos caríssimos.

O poderio econômico ali não desfilava apenas nas roupas: em paralelo a elas, joias, compostas de estrutura inteiramente de ouro, aninhando pedras preciosas lapidadas com incrível competência, rendiam culto aos diamantes que rebrilhavam no centro de cada uma. Às vezes, apenas um diamante, fantástico. Em se tratando de diamantes, aliás, quaisquer outras pedras preciosas que estivessem por perto seriam consideradas intrusas, inconvenientes e poluidoras... Por isso, as joias mais valiosas não eram representadas por um conjunto de gemas perfeitas, mas sim de apenas uma: o diamante.

Quando não se tinha um único e exuberante diamante, o jeito era se render a um desenho artístico formado por vários deles, de pequeno a médio tamanho. Em termos de luxo, imperdoável que uma joia com diamantes pequenos ou de médio porte não estivesse cercada de outras pedras preciosas, como que vassalas rendendo homenagem a vários reis, ainda que fossem gemas puríssimas.

Impossível calcular o valor daquelas preciosidades.

O mesmo se dava para determinar de pronto a idade de cada uma delas, pois, à boca não tão pequena, as detentoras, como que sem intenção, comentavam com displicência que se tratava de peças, algumas seculares, que haviam servido não poucas rainhas.

E, assim, os comentários versavam sobre quantas e quais rainhas talvez já tivessem utilizado aquelas joias e perdido a posse delas no trânsito da História, que tantos reinados destronou...

Sim, por falar em rainhas, também eram sofisticados os penteados, sob a guarda de tiaras diamantinas, majestosamente fixadas à guisa de coroas.

Anéis suntuosos brilhavam ante o movimento estudado das mulheres, ao serem cumprimentadas pelo anfitrião, invariavelmente rodeado de convivas. Unhas, de acordo com a moda, pintadas de cores exóticas e na popularmente chamada "filha única", com minidiamantes nelas fixados, nem precisavam de exposição programada, porque brilhavam de modo permanente.

Ardilosamente, as recém-chegadas deixavam à mostra suas bolsas, como se fossem garotas-propaganda da fábrica. Ridículo...

Ainda sobre as bolsas: era com algum pesar que as donas as entregavam para serem guardadas em cofre individual, numerado, ocasião em que a proprietária recebia a respectiva chave. As encarregadas de guardar as preciosidades eram todas jovens, lindas, em trajes que nem de longe poderiam se comparar com os das visitantes. Mas, se os trajes das ricas senhoras eram deslumbrantes e caríssimos, os das jovens eram estudadamente sensuais, deixando à mostra o esplendoroso físico que cobriam... de forma parcial.

Essas jovens, a maioria pobre, não conseguiam impedir uma nesga de inveja visitá-las diante de tanto luxo, porém sem saber que reciprocamente as madames sentiam inveja delas, de sua juventude e da beleza exuberante, que tanto despertavam a atenção masculina.

Trabalhando como recepcionistas, lembravam os modelos femininos que se veem sobre ou ao lado de luxuosos veículos nos salões de automóveis pelo mundo afora.

Se não demonstrasse falta de classe, a verdade é que as mulheres bem que gostariam de manter junto de si as bolsas, verdadeiro diploma de riqueza, muitas vezes de mau gosto, mas sempre de alto nível social.

Prosseguia o infindável desfile feminino, vendo-se multiplicadas e finíssimas pulseiras de ouro e brilhantes, quase formando uma verdadeira coleção.

Mas luxo dos luxos em termos de joias valiosas eram os colares, adornando pescoços que viam os queixos se distanciarem deles, sempre empinados para o alto.

Longe dos colares, lá embaixo... No chão... Os calçados nem sempre eram vistos, pois os vestidos, longos, os cobriam. Porém, mesmo sem vê-los, ninguém duvidava da alta qualidade certamente presente, bem como dos preços, sem sombra de dúvida, altíssimos.

Quanto aos modelos dos trajes, principalmente os vestidos, todos eram inéditos, embora nem todos expusessem elegância, menos ainda bom gosto...

Com tanta gente reunida e para a mesma finalidade, ainda assim não havia ali duplicata de roupa, joia, bolsa ou calçado. Até porque, por presunção, cisma, desconfiança, ou mesmo por folclore "do alto clero social", principalmente quanto às mulheres, se acontecesse de uma ostentar o mesmo de outra, isso rebaixaria ambas a níveis insuportáveis no *status* social. E humilhação tamanha, jamais!

Porém, entre os convidados, havia duas unanimidades: a primeira, os egos, todos inflados; a segunda, os perfumes: recendentes, delicadíssimos, de aromas penetrantes, intensos, agradáveis. E duráveis...

Falando dos perfumes, eles sempre assomavam primeiro à entrada da mansão, autênticos e fiéis precursores de quem chegava.

Os convidados que estavam sem companhia, poucos, também recebiam a chave de um dos cinquenta cofres destinados àquela reunião.

Diogo Calvino, o rico aniversariante, de quando em quando promovia comemorações na imensa área de sua residência, trazendo convivas seletos que representavam praticamente todos os segmentos do tal "alto clero social" — entenda-se, os bem ricos.

Mas aquela comemoração era especial, e receber um convite do dr. Calvino para ela era subida honra que jamais nenhum convidado recusaria. Não receber, em contrafação, principalmente se alguém anteriormente houvera sido assim distinguido, significava declínio na escala social, o que fazia a festa dos cronistas sociais.

Sobre o patriarca Diogo Calvino, do alto dos seus oitenta anos — que ora comemorava em grande fausto —, sob o empuxo da enorme fortuna que possuía desde que se tornara um dos homens mais ricos do país, jamais aceitara menos. Seu lema era: "O melhor pelo menor preço", deixando entrever que cuidava de cada centavo dos milhões que tinha.

Ninguém sabe como, nem quando ou de quem, recebeu o pomposo título de *comendador*, que para ele caiu muito bem, não tanto pelo que isso representava de fato, mas pela honra implícita. A respectiva comenda dele, distinção outorgada a alguém para ingressar em ordem honorífica, insígnia ou divisa para ostentar o título de comendador, ninguém jamais viu. E, também, pessoa alguma teve coragem suficiente para, ao menos, pedir para vê-la.

Sobre o "doutor" Calvino, como por todos era cognominado também, não se sabia o porquê do "doutor".

"Doutor", quando o tratavam de Calvino; "comendador", quando o tratamento era Diogo.

À boca pequena, sem saber a origem disso, perguntavam-se, uns a outros mexeriqueiros, a que se devia ele ser chamado de "doutor" e de "comendador", sem nunca declinar, aceitando de boamente tais títulos.

Diogo mandou convite apenas para cinquenta selecionados conhecidos. Pessoalmente convidou os principais fornecedores dos seus supermercados, as autoridades com as quais sempre se entendia nos seus negócios, aí se incluindo políticos aos quais doara importâncias para a eleição; conhecidos e poucos riquíssimos não foram esquecidos. E, mesmo sem negociarem com Diogo, aquiesceram.

Porém... o que diferenciava aquela recepção de Diogo dos seus aniversários anteriores era um pequeno detalhe (não tão pequeno assim): cada convite custava "apenas" cinco mil reais — para o convidado e a acompanhante, se houvesse. Bilhetinho anexo ao pré-convite informava onde realizar o pagamento e retirar os respectivos convites. Estes, artísticos e de bom gosto, informavam data, trajes, horários; como nota menor, que seriam apenas cinquenta convidados. E apenas estes concorreriam a um prêmio oculto do mesmo valor da arrecadação dos convites. O convite explicitava que, além desse prêmio, ele, Diogo, doaria a uma entidade filantrópica da cidade o total das vendas dos convites.

Diogo teve o cuidado de convidar pessoalmente cada um dos cinquenta que selecionou. Seis declinaram, dando desculpas, mas não houve problema em substituí-los, completando a meia centena de convivas. A cada um Diogo acenou com a imperdível oportunidade de festejar seu aniversário e, ao mesmo tempo, querendo, entabular novos negócios com os demais presentes. Aos políticos, provavelmente, momentos raros para angariar doações para suas campanhas, sempre com o rótulo de legais, isto é, declaradas às autoridades eleitorais...

Além disso, a um por um dos convidados, Diogo inflou cobiça ante a possibilidade de ganhar o sorteio do valioso brinde. Todos sabiam, de antemão, que a recepção seria de luxo, do que o esplêndido cardápio que seria servido dava notícia.

Ao chegar à mansão, cada convidado era brindado com recepção de gala ímpar, individualizada: prestimosos cinegrafistas filmavam tudo. Isso exacerbava os egos dos que ali adentravam. Se fosse possível radiografar o que se passava na mente deles, certamente se constataria que cada um se considerava o mais honrado, o mais contemplado com a maior homenagem.

Mas, se não era possível captar esse tolo e egoístico sentimento coletivo de grandeza nos convidados, a ninguém escapava a percepção da postura do aniversariante, sentindo-se, mostrando e agindo ostensivamente como "o maior" dentre todos.

Diogo, alvo de mesuras, infinitas quanto ridículas, de fato regalava seu espírito com as breves, chamejantes e fátuas honrarias que a vaidade proporciona. Esse, inconscientemente, era para ele o melhor de todos os presentes — não tão valiosos presentes, diga-se de passagem — que recebera naquele seu aniversário. Sinceros uns, falsos, outros. Cada convidado considerou que os cinco mil reais do convite já era um bom presente — no que, em verdade, tinham razão.

À medida que os convidados iam chegando, eram conduzidos pelas gentis senhoritas até o salão principal da mansão, onde prestimosos garçons os serviam com variados coquetéis em tacinhas com cremes, *shots* de pequenas porções (ilha de aperitivos), além de fartura de petiscos deliciosos nos aparadores.

Caipirinhas e caipiroscas, tão reverenciadas por brasileiros e estrangeiros, eram generosamente servidas. Atendiam a todos os gostos, preparadas com frutas frescas, suculentas, ora com vodca importada, ou a tradicional cachaça brasileira, com lima da Pérsia, limão, além de saquê de morango, maracujá.

Frisantes aromáticos criavam a cama de sabores, animando os convidados, predispondo-os ao jantar.

Naqueles momentos precursores do jantar, apesar do clima informal, muitos negócios eram iniciados...

Enquanto alguns garçons serviam os coquetéis, os demais serviçais do cardápio montavam a mesa no exterior, junto com guarnições de talheres, taças e demais utensílios.

Os convites determinavam, ou melhor, "informavam com delicadeza" que a recepção teria início às vinte e uma horas, havendo breve comentário de que às vinte e duas horas a entrada na propriedade, "por terra ou pelo ar", seria fechada, passando a ficar bloqueada e sob rigorosa proteção de escolta, até determinação do proprietário para fim do bloqueio.

Pelo sim, pelo não, em caixa-baixa, isto é, em letras minúsculas, o convite recomendava que crianças não fossem trazidas, posto que no transcorrer do evento talvez o avançado das horas não fizesse bem à saúde delas. Delicado sofisma para dizer que crianças não seriam bem-vindas...

Isso deixava antever que o acontecimento se projetava de longa duração. E assim, instantes antes das vinte e duas horas, cessou a intensa movimentação de helicópteros, limusines e pessoas.

Diogo fizera programação prevendo as condições do tempo: com ou sem chuva. Preparara dois ambientes, um ao ar livre e outro no interior da mansão — idênticos em equipamento, serviços, utensílios, praticidade, luxo e conforto.

Como o tempo se mostrava bom — céu estrelado, nenhuma nuvem — e sem previsão de chuvas, os convidados foram informados para se acomodarem no ambiente exterior, situado a cerca de cinquenta metros da entrada da mansão, em uma esmerada quadra de tênis. Da residência à quadra, unidas por magnífica vereda, forte iluminação exibia os vários canteiros de flores, mostrando o zelo e apuro do proprietário.

Do céu, fulgurantes e pontuais, estrelas a tudo observavam...

Ao centro da longa mesa, forrada de toalhas de linho azul--claro e bordados caprichados, a cadeira de Diogo mais parecia um trono, bem demonstrando o valor que ele se autoconcedia.

Os convidados e respectivos acompanhantes ocuparam as quase cem cadeiras. Familiares de Diogo sentaram ao seu lado.

Alguns dias antes, Diogo enviara um emissário à presença dos quatro filhos para dizer-lhes que o pai os esperava na comemoração dos seus oitenta anos. Receberam um convite especial, especificando o termo pessoal — o que, tacitamente, excluía os filhos, netos e bisnetos dos filhos que decidissem comparecer.

Atenderam ao convite paterno, sendo que Marcos e Tadeu concordaram a contragosto, mas curiosos para saber sobre a doação à tal "instituição filantrópica" constante dos convites ao grupo dos cinquenta, assim que tomaram conhecimento desses convites, sem que os tivessem recebido.

Defronte a cada cadeira estava colocado informe do cardápio, em primoroso convite colorido, impresso em papel especial e com letras em alto-relevo, dando bem o tom do que seria servido naquela comemoração:

**Bebidas**
Caipirinhas diversas
Água mineral com e sem gás — Refrigerantes e *diets*/Sucos naturais
Uísque Blue Label 21 *years*/Champanhe Cristal ou Dom Pérignon
Vinhos e cervejas: nacionais e estrangeiros

**Aparadores**
Tábuas de queijos nobres e frios em geral
*Finger foods* (petiscos subtraídos com dois dedos das terrinas)
Minipolentinha com ragu de cogumelos/Vol Le Vant de Parma com figos
Cestinha de camarões-rosa com pimenta-vermelha
*Terrini de foie gras/Fondue* de queijo

**Jantar**
*Coq au vin/Confit* de pato com musselini trufada/Lagosta à Thermidor
*Sofiatelli* de queijo de cabra e peras/Risoto de açafrão
Risoto ao *funghi*/Arroz branco
(Lembrancinha: *macaron* la tadurée, da França)

**Sobremesa**
Bolo do aniversariante
Chocolates godiva/Frutas da estação

Foram escolhidos a dedo para trabalharem naquela comemoração dez garçons, três copeiras e quatro ajudantes de cozinha.

Todos acomodados, ouviu-se clarinada dizendo bem alto que a festa propriamente dita começaria.

A orquestra executou a famosa *Marcha de Pompa e Circunstância n. 1,* do compositor inglês de música clássica sir Edward William Elgar (1857-1934). Música exponencial, muito utilizada em cerimônias reais.

Todos se levantaram, tal como procederiam súditos lá pela Idade Média, à chegada do rei...

Concluída a execução musical, todos se sentaram, menos Diogo, porque se mantivera sentado, qual se, daquele tempo e ali, rei fosse.

Diogo fez um quase imperceptível gesto para Adelino, contratado como cerimonialista, que se dirigiu aos administradores do bufê, informando-os da ordem de Diogo e autorizando que fosse servido o fenomenal menu.

Em tudo não houve pressa, até porque a fartura dava o tom.

Quase duas horas após, quando praticamente todos já haviam se servido do excelente cardápio, o aniversariante fez um aceno discreto para Adelino, que fora pessoalmente instruído sobre em quais momentos deveria anunciar algo.

Alto e corpulento, vistoso, elegantemente trajado, Adelino impunha-se onde estivesse. Demonstrando oportunismo e o porquê de sua contratação, foi com voz tonitruante que convidou, isto é, comandou a todos para que, novamente de pé, o acompanhassem em um brinde ao comendador Calvino. Taças foram erguidas e, ao som do "Parabéns pra você", que a orquestra executava, formou-se um improvisado coral, sob comando dele, Adelino, o homem de voz possante.

O magnífico bolo, de vários andares, foi trazido e colocado bem em frente a Diogo, dando o tom do bufê: farto e de extremo bom gosto, com enfeites informatizados rebrilhando na noite.

O bolo, sob controle remoto a cargo de Adelino, iluminou-se esplendidamente e acenderam-se os números oito e zero fixados no topo, deles saindo faíscas quais minúsculos raios *laser* coloridos.

Concluído o tradicional hino de aniversário, o octogenário ora festejado ergueu a mão, e os números se apagaram (ação de Adelino...).

Aos que o desejaram — praticamente todos —, foram mantidas cheias suas taças, fosse de champanhe, vinho ou uísque importados.

O *maître*, pressurosamente, passou a servir o bolo, contemplando Diogo em primeiro lugar. Depois aos demais. Variados docinhos eram servidos com generosidade aos que aguardavam seu pedaço de bolo.

Sentado, ainda, foi como Diogo assistiu a tudo isso.

Não tardou e, um a um, os convidados se dirigiram até ele bem ao meio da imensa mesa. Ao parabenizá-lo, no geral com exagerada emotividade, desejaram-lhe toda a sorte do mundo. Houve até gente que conseguiu chorar ao cumprimentá-lo.

Mais de uma mulher, ao beijá-lo na face, além de prolongar o contato, ainda murmurou convite sensual...

Enquanto a sobremesa era servida, grande tormento se apossou da alma de Marcos e de Tadeu: medo de naufragar a cobiçosa expectativa, talvez não distante, de herdeiros paternos.

Será que seu pai os deserdara da fortuna que "por direito" lhes pertenceria quando ele morresse? Será que teria a audácia de fazer uma extravagância, do tipo "voto de pobreza": doar tudo e levar vida monástica?

Marcos, captando que a aflição que o visitava era comum a Tadeu, inaugurou, provocativa e deliberadamente, um leque de dúvidas e suspeitas. Disfarçadamente sinalizou para os irmãos que lhes enviaria mensagem pelo WhatsApp, no grupo que tinham entre os irmãos. A seguir, digitou e repassou a eles:

*Espero que papai não doe um centavo da metade dele, além do que acrescentou após mamãe morrer. O que ele tem é nosso.*

O primeiro a ler foi Tadeu, o advogado. Franziu a testa e respondeu para Marcos e os outros:

*Sim, dinheiro papai não doa mesmo pra ninguém... Mas, e quanto ao incontável rol de peças artísticas da coleção dele, algumas raríssimas, naturalmente de grande valor?*

Judite, a esposa de Marcos, lendo os depoimentos do marido e do cunhado, atalhou pelo celular:

*E as portentosas joias que seu pai deu para dona Anamaria, além das que ela herdou das gerações anteriores, seguramente alojadas em caixas-fortes de bancos? Não são dele... São da família, são nossas.*

Na verdade, pensou: São minhas. Mas prosseguiu digitando:

*Não foi certo Mariana ficar com elas na sua parte da herança materna. Temos que resgatar isso.*

Mariana, herdeira legal das joias, preferiu silenciar.

Marcos lembrou:

*A frota dos caminhões, os dois caríssimos autos particulares, o helicóptero e o iate, além dos supermercados dele, devem valer uma fortuna... Não creio que papai esteja pensando em doar nada disso. Estaria roubando da gente.*

A esposa, fazendo parelha com ele, mencionou:

*E os imóveis, tantos, tantos?*

Tadeu volveu:

*Gente: pensem nos supermercados. Devem valer muito e, principalmente, representam verdadeira fonte inesgotável de lucros.*

Marcos colocou mais lenha na fogueira e comentou com rancor:

*Como é que nós não fomos informados dessa ideia maluca do pai de fazer doação para entidade filantrópica? Boa coisa não pode ser que ele esteja tramando. Ainda bem que iremos impedir essa besteira dele.*

Ao que Tadeu adjuntou:

*Vocês conhecem papai. Ele não "está tramando": já deve ter decidido algo. Como ele, na idade em que está, se atreve a anunciar publicamente doação para quem quer que seja, sem discutir isso tão somente no âmbito íntimo familiar?*

Mariana e Francisco, seu marido, nada diziam, ou melhor, nada digitavam, limitando-se a ler o que os irmãos repassavam. Quando Judite afrontou Mariana, Francisco ia contestar, mas a esposa compeliu-o ao silêncio.

André e Cristina, também nada registravam.

Tadeu, como se estivesse em um tribunal, incensou a zanga filial:

*Papai sempre foi mandão, nem a idade amansou-lhe essa mania. Não sei não, mas isso está me cheirando a necessidade de alguma providência legal quanto à sanidade mental dele. Algum embargo... Sabe Deus o que pretende fazer com o que tem.*

Mariana e marido, bem como André e esposa, continuavam a ler, sem nada responder ou comentar. Isso irritou Tadeu, que digitou:

*André e Mariana: por que vocês dois não dão um pio? Estão de acordo com o que papai está ameaçando de fazer?*

Mariana leu e discretamente sinalizou para André, que respondeu no grupo:

*Marcos e Tadeu, vocês são uns ingratos! Papai e mamãe sempre nos ajudaram e, se não somos tão ricos como ele, é porque não temos um décimo de sua competência, sem considerar que ele jamais nos abandonou.*

Tadeu dedilhou no celular, nervoso e atravessado:

*O que é isso? Incompetente é você, que nem formação superior tem.*

E, em tom sarcástico e altamente desrespeitoso, logo completou:

*A não ser em Espiritismo, essa coisa maluca que puseram na sua cabeça. Bem se vê que nada de bom lhe trouxe.*

André, sempre que lia o que Tadeu escrevia, trocava um olhar com Cristina, a esposa, que cada vez mais se ressentia com a grosseria do cunhado, mas não retrucava. É que em sua alma falavam alto conselhos de um participante da mocidade no centro espírita que ela, quando jovem, frequentara, recomendando evitar o melindre, primogênito do orgulho. O jovem que trouxera essa magnífica reflexão acrescentara: "Mal-entendidos nascem quando o mau gosto ou a invigilância colidem com o mau humor e a intolerância".

André, calmo, educado e sensato, olhando firme para Tadeu, digitou:

*Não tenho mesmo formação superior, não obstante, isso não me impediu de saber que quando mamãe morreu, sendo casada com comunhão universal de bens, papai, como meeiro, teve direito a metade de toda a fortuna da família, tendo sido a outra metade legalmente repartida entre nós quatro, os filhos, como herdeiros necessários. Assim, em minha opinião, o que poderíamos esperar de herança já nos foi dado.*

Tadeu leu, calou-se e refletiu: *André tem razão: a partilha contemplou-nos com a parte devida, parte essa devida a nós, irmãos, herdeiros necessários e legítimos; quanto à parte de papai, a meação, dela ele poderia dispor como bem lhe aprouvesse. E parece que é isso que está pensando em fazer. Loucura... Loucura...*

O que mais irritava Marcos e Tadeu era o silêncio de Mariana e o que André digitara, evidenciando serem contrários a qualquer contestação às decisões do pai.

André, por fim, registrou:

*Considero prudente não nos insurgirmos contra papai. Quando mamãe morreu, se vocês se lembram, ele chegou a ameaçar-nos com "grandes perdas para todos".*

Referia-se à partilha da herança deixada pela mãe e às brigas que alguns dos irmãos haviam travado com o pai, que, à época, chegara até a ameaçar doar tudo o que tinha.

Suas palavras, sensatas, acalmaram os dois irmãos descontentes.

Francisco, que sempre respeitara o sogro, nada digitou. Apenas lia.

Cristina, esposa de André, espírita também, ofendida e tentando mudar o foco da conversa, digitou por fim:

*Tadeu: você está redondamente enganado com o Espiritismo. Por favor, respeite nossa crença.*

Tadeu volveu:

*Ninguém chamou você na conversa. Você é sapo de fora.*

Cristina não respondeu à grosseria do cunhado, respeitando o ambiente festivo do sogro, evitando incensar a polêmica. Nada mais foi dito por nenhum dos demais.

Mariana não se conteve: fuzilou Tadeu com o olhar e em gesto ostensivo desligou o celular. Mariana e André sempre tinham sido muito amigos.

Aquela pequena e muda reunião entre os irmãos terminou ali.

Ninguém — afora Diogo — percebeu, mas o ar ficou pesado, como se uma tempestade estivesse prestes a se desencadear...

Diogo, embora sem saber o que tanto os filhos digitavam no celular, deduziu que tinham se alvoroçado ao saber do seu projeto e, pior, que por certo tramavam algo. Sagaz, captou pelos gestos e olhares dos filhos que Marcos e Tadeu estavam contrariados com aquela comemoração e a doação prometida, e que Mariana e André não eram solidários a eles no que quer que fosse que estivessem tramando; estes, aliás, sempre haviam se mostrado respeitosos aos pais, ainda mais depois de terem perdido a mãe.

Agora, vendo a atitude que Marcos e Tadeu não cuidavam de disfarçar, além de revoltados olhares para ele, um triste pensamento perpassou a mente de Diogo: *E pensar que sempre Anamaria e eu protegemos nossos filhos, até se tornarem independentes. Ainda mais depois da morte da mãe, com todos recebendo considerável quantia financeira...*

Assim, antes mesmo de Diogo anunciar o nome da entidade filantrópica à qual doaria o montante da arrecadação com os convites, conforme anunciara há instantes, já perversas recriminações eram-lhe dirigidas em silêncio por dois dos seus quatro filhos e por uma nora...

Sem o mínimo tato, os filhos que tinham trocado reflexões sobre a futura herança paterna não haviam tido o cuidado de sequer serem discretos.

Diogo, mesmo conversando com os convivas, não tardou a identificar o alvoroço mental em torno de Marcos e Tadeu.

Concluída a sobremesa, a um gesto de Diogo, que só Adelino captou, este se dirigiu ao maestro da orquestra e informou que o comendador queria silêncio.

Ato contínuo, cumprindo a ordem, o maestro sinalizou ao timpanista, mais popularmente conhecido como "o homem dos tambores", e aos músicos do naipe dos metais (trombone, trompas, trompetes e tuba), induzindo-os a produzirem forte som, logo seguido de maviosos entrechos das cordas.

O efeito foi instantâneo: todos se calaram e ficaram imóveis.

O suspense deu o tom...

## 4. Vaidade, vaidade...

Ainda naquele pomposo aniversário, Diogo, em tom misterioso, ordenou a Adelino:

— Descerre as cortinas...

Presto, o cerimonialista, em estudado esquema para aumentar a tensão, dirigiu-se bem devagar até as arquibancadas da quadra de tênis e, de propósito, as cortinas foram descerradas em câmera lenta.

O que se viu desnorteou em parte a todos: simplesmente um telão iluminado no degrau superior da arquibancada...

Nesse momento, a orquestra tocou a superexecutada abertura da ópera *Guilherme Tell*, de Gioacchino Rossini (1792-1868), em sua parte mais conhecida — seu célebre *finale* —, inquestionavelmente a música mais tocada em filmes de todos os tempos.

A grandeza, qual personagem invisível, mas tangível, marcava forte presença e desfilava ali.

A curiosidade invadiu os convidados, que de fato foram surpreendidos, logo recebendo forte massagem no ego, eis que, em sucessão não tão rápida, como, aliás, aconselha a vaidade, o telão foi mostrando, um a um, sua chegada àquela festa, horas antes.

Extravasando vaidade por todos os poros, viu-se um desfile do *crème de la crème* da aristocracia e da classe alta social daquela cidade e parte até de outras.

Justificando sua contratação, os cinegrafistas e fotógrafos tinham filmado os principais lances de cada um dos convidados, mostrando como, com quem e o aprumo de sua chegada.

Assim, quem não tinha visto o fabuloso desfile, ou presenciado apenas parte dele, agora pôde ver com detalhes o quanto cada visitante tinha para exibir...

Aos casais ou aos desacompanhados, foi concedido tempo de dois minutos, segundo Diogo estipulou aos profissionais da mídia.

Desnecessário dizer que a exibição, que demandou quase duas horas, provocou um enxame astral de vaidade, ciúme e inveja.

Vaidade, vaidade...

Mas, em tais situações, a vaidade tem o condão de acalmar os invejosos, sussurrando-lhes na mente que eles "tinham mais, eram mais poderosos, mais bonitos e mais ricos". E, assim, eles se conformavam.

Essa exibição agradou em cheio a todos.

Familiares não foram incluídos nela.

Marcos, a esposa e Tadeu sentiram-se desprezados.

Mas nem todos os filhos nutriam tais sentimentos, pois Mariana e André entenderam de pronto que o pai, com aquela comemoração tão marcante, como que antevia um breve futuro, em face de sua idade, no qual ele não mais estaria.

Concluída a exibição, alguns convidados já demonstravam impaciência quanto ao sorteio do tão proclamado prêmio, até porque, com a madrugada já estando a meio, todos tinham se alimentado muito bem e ingerido generosas doses de bebidas finas.

Não poucos se portavam com "desembaraço impertinente" (eufemismo para as atitudes inconvenientes daqueles que o álcool altera, tornando-os desagradável companhia).

Foi quando Diogo, de caso pensado, causou tremendo alvoroço ao determinar a Adelino, agora a viva voz:

— Que venha!

*Que venha? O quê?*, pensaram os presentes.

A orquestra tascou o *Assim falava Zaratrusta*, de Richard Strauss, que Diogo tanto apreciava desde que o ouvira na abertura do clássico filme de ficção científica *2001 — Uma odisseia no espaço* (de 1968, dirigido e produzido por Stanley Kubrick, coescrito por Kubrick e Arthur C. Clarke). O filme lida com os elementos temáticos da evolução humana, tecnologia, inteligência artificial e vida extraterrestre.

Em se tratando de Diogo, tudo era superlativo, assim, os ricaços captaram que o sensacional sorteio estava para acontecer.

Subitamente, a cobiça agiu no cérebro dos "desembaraçados", cujo comportamento aquietou-se. Os que estavam já algo sonolentos e querendo ir embora despertaram de pronto, juntando-se aos que ainda estavam mais despertos.

Dessa forma, com todo o aparato regiamente organizado, uma forte luz atravessou a noite, vindo da parte de trás da mansão.

*O que seria?*, ardeu a curiosidade na mente dos convidados.

Foi então que, com estrondoso rompante orquestral, viu-se vindo em direção às pessoas um reluzente automóvel dirigido pelo mestre de cerimônias.

Diogo, como se estivesse falando de uma bicicleta, ou no máximo de uma motocicleta, informou:

— Seria perda de tempo me alongar e perturbar o sono dos que querem ir para suas casas e dormir, por isso informo que este automóvel é zero-quilômetro, importado dos Estados Unidos, e custou cerca de cem mil dólares. Como o preço dos carros lá é praticamente a metade dos do Brasil, deduz-se que aqui, em dinheiro brasileiro, o valor do carro esteja acima da metade do valor total arrecadado com a venda dos cinquenta convites.

E acrescentou, majestosa e sofismaticamente:

— Valor que prometi e registrei no convite. Sou o aniversariante, no entanto, dou-lhes de presente este pequeno mimo...

O que o aniversariante não revelou é que comprara esses dólares há não muito tempo, por menos da metade do câmbio atual, em um dos vários investimentos que realizava e dos quais sempre saía ganhando bastante.

Marcos sentiu um aperto no coração e pensou quase em voz alta: *Papai gastou neste carro o nosso dinheiro... E esse luxo todo?*

Tadeu e Marcos, entreolhando-se, juntos espelhavam ódio no olhar: ódio contra o pai.

Nos convidados, a cobiça falou alto e deduziram que um deles, dentro de poucos minutos, seria o feliz proprietário. Aliás, todos tinham, de si para si mesmos, que ganhariam o tal prêmio.

É sabido que os ricos adoram ganhar. Sempre ganhar. Seja lá o que for, é-lhes do dia a dia a emoção do lucro, advindo de onde venha. E aquele automóvel... Embora alguns convidados possuíssem carros até superiores àquele, cobiçavam o que viam.

Diogo disparou:

— Vamos ver quem volta para casa com essa teteia.

Foi trazido um pequeno globo de bingo com bolinhas numeradas no interior, que foram retiradas e colocadas em ordem numérica crescente sobre a mesa, em frente a Diogo.

Nesse ponto, Diogo chamou dentre os convidados seu amigo particular, o juiz federal, para ajudá-lo:

— Por favor, Carlos, confirme para todos nós quantos números estão nesta mesa.

— Cinquenta! — exclamou o juiz, após conferir as bolinhas numeradas.

— E quais são esses números, por favor?

— De um a cinquenta.

— Sei que abuso da nossa amizade, mas você poderia colocar as bolinhas no globo?

O juiz fez isso com bastante calma e retornou ao seu lugar à mesa.

A seguir, Diogo esclareceu:

— Os números que estão no globo correspondem exatamente aos dos cofres individuais nos quais vocês guardaram seus pertences. O número que for sorteado valerá o carro.

Marcos e Tadeu, de imediato, captaram que estavam fora do sorteio, que obviamente logo seria realizado. Desgostosos e amuados, confabularam, combinando de se retirarem. Mariana e André não concordaram, o que se constituiu em mais um aborrecimento para os irmãos.

Sem acreditar no que acontecia, Diogo viu Tadeu, Marcos e familiares irem embora sem se despedir, inclusive com o pai, Marcos, tentando impedir Antônio, seu filho, de se aproximar do avô, a quem tanto o neto amava.

Desobedecendo ao pai, Antônio ficou ao lado do avô.

Esse neto era o predileto de Diogo. Mesmo sabendo pelo convite que só teria acesso à mansão quem o portasse, Antônio comparecera sem sequer informar aos pais, Marcos e Judite.

Barrado, identificou-se.

Consultado, Diogo autorizou que entrasse.

O desprezo dos dois filhos causou profundo amargor ao aniversariante, que, de forma absolutamente inesperada, foi vitimado por cegueira total, que não durou mais que três segundos. Esse lapso de tempo marcou de maneira indelével em Diogo uma forte intuição de que a saúde denunciara que algo não ia bem.

A cobiça por tão almejado brinde não deixou que nenhum dos convivas percebesse que o anfitrião estava abalado. Abaladíssimo.

Mas, a retirada brusca dos dois filhos de Diogo a ninguém passou despercebida. Muitos convidados captaram que aquela cena que acabavam de presenciar punha a descoberto desconhecidas e graves desavenças familiares...

Mariana, enfermeira, apenas ela captara que o pai tivera ligeira síncope. Prestimosa, abraçou-o. Não fosse esse abraço carinhoso que recebeu da filha, pleno de amor e energias positivas, e talvez Diogo não conseguisse prosseguir na festa.

O mal-estar passou, e ele colocou as chaves do carro ao lado do globo, agitando-o bastante para que as bolinhas se misturassem.

Sempre agindo de modo a não arrumar conflitos entre os amigos, Diogo solicitou:

— Vocês são meus amigos. Todos os cinquenta! Assim, peço que decidam, entre si, quem sorteará o carro.

Mal acabara de dizer isso e vários palpites se ouviram:

— *Sorteie-o você mesmo...*

— *Indique alguém em quem tenha mais confiança...*

— *Faça um sorteio prévio para ver quem sorteará o carro...*

— *Chame sua filha...*

Diogo exigiu:

— Nada disso. Quero que vocês indiquem o sorteador.

Após alguns cochichos, murmúrios e conchavos, restou decidido que quem sortearia o carro seria o juiz federal, dr. Carlos Castanho, aposentado, mas que mantinha escritório de advocacia, sendo conceituadíssimo.

O juiz anuiu, voltou até perto de Diogo e perguntou a todos:

— E se eu me autossortear?

Novo zum-zum. Castanho desistiu, no ato. Como todos, queria o carro. Um dos convidados, em tom pausado, propôs:

— Vamos fazer um primeiro sorteio, que indicará quem sorteará o carro. Os que estiverem de acordo levantem a mão.

Alguém gritou:

— Ok, vamos sortear o sorteador. Tire você a bolinha, comendador.

Caso raríssimo o rico aniversariante obedecer a ordem de alguém.

Exceto Mariana, ainda ninguém percebera que Diogo, naquele momento, já não era o mesmo; embora não demonstrasse, voltara o mal-estar...

Feito esse pré-sorteio, o número indicado recaiu sobre uma senhora que deixou todos absolutamente perplexos: Odete, a esposa do juiz.

Ninguém ousou contestar.

Poucos conseguiram disfarçar a desconfiança.

Diogo assumiu e determinou:

— Por favor, coloquem suas chaves sobre a mesa e vamos ao sorteio.

Diogo sentiu uma pontada no peito — forte dor, que também se manifestou no braço esquerdo.

Respirou fundo e tentou prosseguir, mas não conseguiu.

Sentou-se, ou melhor, quase caiu sentado na cadeira e, levando a mão ao peito, soltou um forte gemido de dor, seguido de desmaio. Imediatamente foi levado aos seus aposentos nos braços robustos de Adelino e sob cuidados de Mariana, que ligou para o hospital, solicitando uma ambulância com urgência.

Antônio acompanhou Adelino e Mariana até o quarto de Diogo.

André permaneceu junto aos convidados para coordenar o encerramento.

O fabuloso aniversário, de forma abrupta e triste, teve interrompida ali a comemoração programada com tanto capricho.

O sorteio, tão cobiçado, sem Diogo, não pôde ser realizado.

Assumindo o comando e com a autoridade de filho, André decidiu que a comemoração estava encerrada:

— Lamento muito este imprevisto. Em outra oportunidade, quando papai se recuperar, certamente realizará o sorteio.

Educado, mas enérgico, cumprimentou coletivamente a todos:

— Agradeço de coração seu comparecimento. Boa noite.

Um atrevido convidado, já sob efeito das bebidas, gritou:

— Quem garante que será feito novo sorteio?

Agora foi a vez de o juiz assumir:

— Eu! Não admito nenhuma outra reclamação. No momento oportuno, nosso querido amigo Diogo realizará o sorteio, e estou absolutamente certo de que convocará os mesmos cinquenta convidados aqui presentes para dele participarem.

Isso, sub-repticiamente, o incluía...

Descontentes, aborrecidíssimos, mas respeitando a autoridade do juiz federal, ninguém contestou a decisão, embora ela não fosse "de direito", pois o juiz não era nem o dono da casa, menos ainda do carro...

Sem conseguir disfarçar e sem a pose da chegada, logo os convidados foram se levantando, ostensivamente contrariados.

Tinham recebido o convite, aceitado e comparecido, um por um exibindo suas altas posses (alguns, nem tanto...); todos haviam se sentido enaltecidos. Tinham chegado garbosos e vaidosos, usufruído do bom e do melhor em termos de bufê de alta classe, e agora, quando um deles estava prestes a ser o felizardo a ganhar o veículo, haviam sido "convidados" a se retirar, sem mais nem menos.

Frustrados, expunham bem o materialismo que lhes ia à alma.

A madrugada, como já registrado, estava em meio...

Antes de os primeiros convidados iniciarem a retirada, algo de espantoso aconteceu, de maneira inesperada: um raio coriscou no céu, seguido praticamente no mesmo instante de fortíssimo estrondo de um trovão, sinalizando que o raio e o choque entre as nuvens tinham ocorrido a pequena distância dali, quase bem em cima de todos.

Todas as pessoas ali presentes foram tomadas de pavor intenso.

Agravando esse temor, sem mais nem menos, ouviu-se um barulho estrepitoso aproximando-se velozmente, semelhante ao de cavalos em tropel. Era um chuvão que tinha chegado, instantâneo.

Absolutamente de surpresa. Tudo em menos de três segundos...

O toró e os ventos pegaram todos desprevenidos.

O aguaceiro alcançou os convivas, que, apavorados, estonteados e em pânico, perceberam que o único refúgio seria a mansão, a cerca de uns cinquenta metros do local onde se encontravam. Freneticamente buscaram abrigar-se lá, pisando nos bem tratados canteiros floridos.

Garçons, serviçais, motoristas, músicos, seguranças — sem exceção —, agindo por instinto, correram para dentro da mansão e invadiram-na, absolutamente sem o mínimo respeito demonstrado à chegada.

Os que trabalhavam no evento chegaram primeiro que os convidados, pois estavam sóbrios.

Na fuga desabalada, muitos convidados levaram tombos no pequeno trajeto, ficando encharcados e com alguma lama — homens e mulheres. Vários, alcoolizados, caíam, levantavam-se, caíam...

Mulheres, quase ou todas de salto alto, desvencilharam-se dos calçados, para mais rápido alcançar e adentrar a residência.

Seria cômico, se não fosse deplorável, ver os homens e principalmente as mulheres sem nenhum dos atributos sociais que cultivavam caprichosamente em qualquer socialização (festas, comemorações, solenidades etc.).

O fato é que desgrenhados, desalinhados e espavoridos adentraram a mansão, a ela chegando de tombo em tombo, emporcalhando-se mais e mais.

Em pânico, alguns em choque, misturavam-se uns aos outros.

Em segundos, o toró implodira toda a educação refinada da chegada: ética, pompa, exibicionismo, soberba e outros invisíveis parceiros da vaidade.

Sapatos chiquérrimos, a maioria femininos, a enxurrada levou... Para onde?

Até que todos adentrassem e ficassem em segurança, o início da chuva provocou um panorama reverso do de algumas horas atrás: as mulheres ficaram com as vestes irreconhecíveis, os penteados e a pose "o vento levou", poucos pés femininos ainda tinham calçados, deixando as donas com pés no chão; quanto aos homens, roupas encharcadas, sequer lembravam os lordes, ricos lordes de há pouco.

Vento e chuva instantaneamente chegados mais pareciam raivosos não convidados. Zangados...

Ziguezagueando veloz e fortemente entre as árvores, o vento produzia sinistros zunidos, fazendo a madrugada toda despertar, as árvores tremerem. Aves, as noturnas, pressentindo a ventania, já haviam se deslocado para locais distantes, e as demais, a maioria de vida diurna, em sobressalto crescente, encolhiam-se no ninho, umas isoladas e outras cobrindo por inteiro os ovos ou filhotes. Impotentes todas. Se pudessem falar, perguntariam ao vento:

— *Vento de Deus, por que nos castiga assim? Não vês que é noite e a hora é de dormir?*

E, se o vento as ouvisse, responderia:

— *Avezinhas do céu, me perdoem, estou com pressa. Não me demorarei... Cumpro ordens... Mas estejam em paz. Nada lhes acontecerá.*

Dizer que o vento ziguezagueava não é apenas força de expressão, mas a realidade, pois as árvores menores ora se inclinavam para lá, ora para cá, algumas apresentando movimentos bruscos em direções variadas. Os galhos se entrelaçavam, chocavam-se e recuavam, coqueiros e palmeiras mais parecendo espadachins aéreos com mil espadas, duelando freneticamente em um combate sem fim.

Galhos, finos e grossos, poucos, caíam...

Folhas mergulhavam tontamente após evoluções aéreas malucas...

Árvores, algumas "morando" ali na casa de Diogo há muitos e muitos anos, cansadas e já no crepúsculo de suas abençoadas existências, logo tombaram. Poucas, também. Se em vida abrigavam pássaros, passariam de futuro a ofertar abrigo e alimentação para insetos mil. Os pássaros inquilinos delas, antes da chegada do vento, pressentindo-o, haviam mudado de endereço e se alojado em árvores mais altas e mais fortes.

Estranhamente, os ventos deslocavam-se em baixa altitude, sem causar o mesmo esforço nas árvores mais altas.

Um naturalista diria que desconhecida potência dos ares ali se concentrara, trazendo a borrasca, que tão rápida alterara aquele cenário; um evolucionista veria naquilo um momento de renovação do arvoredo tão bem cultivado, refletindo que só as árvores mais fortes resistiriam ao que já estava ali e ao que, provavelmente, ainda estaria por vir; um filósofo se lembraria do dito popular "O vento que derruba grandes árvores não ofende aos pequenos ramos, que se curvam até ele passar"; um poeta diria que a noite tivera seu sono interrompido por um amante impetuoso; um higienista exultaria com a limpeza da poluição atmosférica que sobressairia ao empós daquela ventania; um espírita, com base em Kardec [2], adotaria postura de respeito aos Espíritos da natureza, ali se desincumbindo de benéficas tarefas naturais comandadas por entidades siderais; um devoto católico rapidamente cobriria os espelhos e colocaria uma vela votiva acesa junto a ramos de palmeiras guardados desde o último Domingo de Ramos; um evangélico evocaria o clamor de Deus, alertando os ímpios; um mulçumano, proclamando que "Alá é clemente e misericordioso", se recolheria em respeitosa demonstração de submissão diante da formidável evidência celestial de que os profetas não estavam contentes com os infiéis; um místico afirmaria, *profeticamente*, que os céus varriam a imensa vaidade ali reunida; um agricultor temeria pelo eventual comprometimento da sua colheita, prestes a ser destruída; um peão pensaria na estrebaria e no quanto os cavalos deviam estar assustados; um criador de gado temeria pela integridade do rebanho, àquela hora pastando ou dormindo; mães, todas que tivessem um filho ausente, estariam em sobressalto e preces.

---

[2] Detalhes em *O Livro dos Espíritos*, questões 536 a 540 ("Ação dos Espíritos sobre os fenômenos da natureza"). São Paulo: Petit, 1999, p. 198 a 190.

Enfim: um pessimista, amedrontado, consideraria que a natureza estava agindo com violência, raiva e destruição, e que talvez o mundo fosse acabar logo; já um otimista, calmo por saber que as borrascas, assim como vêm, vão, estaria em agradecimentos a Deus pela atividade natural, sempre saneadora da atmosfera e da psicosfera terrena.

Até então, nenhum convidado pensara em orar.

Consideradas a força do vento que zunia e a chuva torrencial, surpreendendo todo o grupo, ninguém ali se atrevia a pronunciar palavra. Todos se encontravam literalmente aterrorizados.

Mas André, ainda liderando, convidou os abrigados a acompanharem-no em uma prece. Todos anuíram:

— Pai nosso que estais nos céus...

O Pai-Nosso foi declamado em voz alta, com sinceridade e devoção. Por todos. E, fato absolutamente estranho: tão logo as pessoas concluíram a oração, assim como vieram, chuvada e ventos se foram.

Outra vez bailou no ar a mesma pergunta: para onde?

Com os convidados pretendendo deixar a mansão o mais rápido possível, os casados chamaram as esposas, e estas, antes de saírem, abriram o respectivo cofre, retirando seus valiosos pertences — nenhuma dando sequer a mínima importância ao mimo-surpresa de uma garrafa de champanhe Veuve Clicquot e um kit de toalete personalizado.

Nas condições em que se encontravam os mimos, foram simplesmente ignorados... Poucas os aceitaram.

Alguns convidados mais afoitos saíram.

A medo, logo foram seguidos pelos demais.

O pessoal do bufê, mais os seguranças, os motoristas e os pilotos, acompanharam os convidados, pois também não viam a hora de sair daquele malfadado encontro.

Em choque e incrédulos viram veículos com alguns amassados e dois helicópteros tombados...

Mulheres, ainda em prece, ao olharem para o céu e vendo-o salpicado de estrelas, acalmaram-se. Aliás, olhar para o céu quando em crise é atitude humana desde os primórdios da civilização, algo assim como se dentro da alma o ser humano tivesse ouvidos só para ouvir o que dizem as estrelas. Não foi sem razão que nosso imortal poeta Olavo Martins dos Guimarães Bilac (1865-1918), autor de alguns dos mais populares poemas brasileiros, foi considerado o mais importante dos poetas parnasianos, tendo encerrado a poesia "Ouvir estrelas" assim:

> E eu vos direi: "Amai para entendê-las!
> Pois só quem ama pode ter ouvido
> Capaz de ouvir e de entender estrelas".

Logo, os convidados deixaram a mansão.
Mulheres em prece. Homens, convidados, praguejando.
Não tendo como evitar, algo contrariados, os convidados proporcionaram carona à maioria dos serviçais em geral. Adelino, inclusive. Por ordem de André, os empregados da mansão permaneceriam até o amanhecer, para a limpeza e arrumação de tudo.

Sair dali o mais rápido possível tornou-se cruciante, já que forte mal-estar alcançou a maioria dos convivas e serviçais contratados para o evento. Assim, pela primeira vez na vida, e talvez a última, pessoas de posses limitadas utilizaram limusines para seu transporte pessoal, posicionando-se apertados lado a lado com os patrões.

Diogo foi levado aos aposentos na parte superior da mansão, sendo instalado em confortável poltrona, de encosto inclinável, sob cuidados da filha Mariana. Antônio, Francisco e Cristina permaneceram, junto com André. De imediato, Mariana solicitou a André que pelo celular convocasse com urgência o dr. Jorge para vir até ali.

O médico, após ouvir o relato de André e sendo informado de que a ambulância já havia sido solicitada, por telefone repassou algumas providências que, aliás, Mariana já havia tomado: massagens torácicas e comprimido de aspirina.

Dr. Jorge era médico de clínica geral e há anos atendia Diogo e praticamente toda a família. Apanhou apetrechos médicos e sem tardança dirigiu-se para a mansão no próprio carro. No trajeto, que a chuva e a tal tempestade não danificaram, espantou-se por cruzar com tantas limusines em sentido contrário...

Chegou à mansão simultaneamente com a ambulância.

Ao chegarem, pela tremenda bagunça do material do bufê pelo chão, com tantas cadeiras viradas, entenderem o porquê das limusines que, em comboio e lotadas de gente, haviam passado por eles.

Jorge comentou baixinho com o médico da ambulância:

— Estranho, foi uma minitempestade, e só por aqui...

O colega, também impressionado, nada respondeu.

Após ser atendido pelos dois médicos com medicamentos de urgência, Diogo foi conduzido de ambulância ao hospital da cidade.

Só Mariana, na condição de enfermeira, acompanhou o pai.

Quando para os primeiros raios da alvorada despertou metade da humanidade, todos os que haviam permanecido na mansão dirigiram-se para fora dela, para "ver os estragos". Foi quando um mistério ficou no ar, envolvendo a riquíssima mansão e seu dono: como explicar que poucas árvores houvessem tombado, nenhum ninho caído, nenhuma ave morrido?

Ninguém ousava.

Se místicos novamente fossem consultados a respeito, por certo atribuiriam aquilo a forças sobrenaturais, insondáveis, invencíveis, que tinham desaprovado o luxo exagerado de tudo...

André e Cristina, no entanto, como espíritas, tinham como certeza que os chamados Espíritos da natureza haviam lecionado inesquecível lição sobre a fatuidade dos bens terrenos, detonando a vaidade e o pretendido poderio humano sobre tudo e todos.

O fato é que o Sol, assim que assumiu a sublime e infalível iluminação da metade do mundo, deixou à mostra que, afinal de contas, relativamente à força dos elementos naturais, poucos foram os estragos produzidos pelos ventos e pela chuva.

Imenso, mesmo, fora o susto de tantos corações taquicárdicos, que no final das contas se compenetraram quanto à sua fragilidade diante de um poder superior, muito superior. Infelizmente, como ocorre com a maioria desses acontecimentos, tal impressão logo se volatizaria.

Na noite anterior, instantes antes da chegada do vento e da chuva, Hamilton, que há anos era o governante geral da mansão, pensando no bem-estar dos três gatos do patrão, colocara-os no quarto de Diogo, com água e alimentos. Era ali que os três felinos — Brigitte, Chico e Estrelinha — estavam acostumados a dormir, sempre na grande cama, invariavelmente encostados no dono.

Com essa medida, os gatos tinham ficado a salvo da grande e inusitada movimentação decorrente da comemoração programada. E, posteriormente, da chuvarada que desabara na festa.

Horas depois de iniciada a comemoração, Hamilton percebeu que os gatos miavam de forma diferente, assustadora. Cuidadoso, foi até o quarto e viu que os animais se portavam de modo totalmente diferente: barrigas grudadas no chão, pareciam soldados da soberba infantaria rastejando; emitiam sons guturais estranhos, jamais ouvidos por alguém.

Os felinos abrigaram-se debaixo da cama de Diogo.

Hamilton deduziu que algo grave estava por acontecer...

Era crucial informar ao patrão a estranha atitude dos gatos, sempre tão dóceis e carinhosos. Disposto a alertá-lo, foi surpreendido ao cruzar na entrada da mansão com Mariana e André, juntos com Adelino, este carregando Diogo quase sem sentidos.

Tão logo Diogo foi acomodado na poltrona, a chuvarada chegou, brava. Depois, vendo a ambulância se afastar com Diogo, o governante também sentiu uma forte dor no peito, que logo passou, pois as lágrimas que rolaram diziam da amizade e gratidão que sentia pelo patrão e lavaram a tristeza que envolvia seu coração. Sempre objetivo e competente, decidiu que não era hora para bancar um choramingas e sim para ação diante da chuvarada. Resolveu permanecer na casa para logo cedinho, ao amanhecer, providenciar o necessário para limpeza e remoção dos veículos. E, quando todos fossem embora, iria dar a possível assistência aos gatos, ainda abrigados debaixo da cama, certamente amedrontados por terem, antes de todos, percebido o temporal que se aproximava...

Testemunha ocular de como os convidados haviam chegado e como tinham deixado aquela comemoração, Hamilton lembrou-se de seu avô, que sempre o aconselhava: *Cuidado com a soberba... A especialidade da fama é construir pedestais para a vaidade na areia movediça.*

Francisco conduziu Cristina e Antônio para suas residências e depois recolheu-se à sua casa.

André, em seu carro, seguiu a ambulância e junto com Mariana permaneceram no hospital até ter alguma notícia sobre o estado de saúde do pai. De manhã, exames iniciais demonstraram que o paciente necessitaria de procedimentos mais especializados.

## 5. Os ladrões, as traças e a ferrugem...

Diogo permaneceria hospitalizado por três dias, em observação.

Após, obteve alta médica, com inúmeras recomendações.

No dia seguinte à tempestade na mansão dos Calvino, a notícia se espalhou por muitos, muitos... O comentário geral do acontecido na comemoração do rico octogenário destilava inveja e hipóteses fantasmagóricas sobre o inusitado aguaceiro.

Os convidados, entre seus familiares, condenavam a imprevidência de Diogo, levando-os a se posicionarem fora da mansão. Nenhum se lembrou de citar que o aniversariante assim o decidira porque a noite se mostrava calma e as estrelas, majestosas, além de, naquela noite, particularmente generosas, parecendo brilhar ainda mais no céu.

No dia seguinte, os atingidos pelas chuvas, de mau humor em suas diversas atividades profissionais, faziam inveja a amigos, clientes, fornecedores, compradores e até empregados, comentando sobre as delícias do bufê. Como se fossem poliglotas, descreviam o luxo dos aparadores e a procedência das bebidas, discorriam sobre as especiarias gastronômicas e por aí vai.

Nenhum daqueles convidados sequer comentou a disparada de todos, quando do chuvão que os pegou totalmente desprevenidos. Esse quesito daquela festa ficou por conta de empregados, motoristas, garçons, músicos e serviçais, que, com algum sadismo, proclamavam que jamais se vira tanta gente rica perdendo a pose e se enlameando...

As moças recepcionistas, com seus vestidos colantes molhados e mais aderidos, tinham ficado com as lindas silhuetas estonteantemente sensuais, mas nem homens nem mulheres repararam nisso naqueles momentos de susto.

Resumindo, muita gente ficou sabendo do acontecido na festa de Diogo. Não poucos murmuravam: *Bem feito!*

Nos dias em que Diogo esteve hospitalizado, contou com a assistência permanente de Mariana e André, que nisso se revezavam. À exceção do filho de Marcos, Antônio, do dr. Castanho e do dr. Jorge, que diariamente iam visitá-lo, nenhum convidado compareceu ao hospital para saber como ele passava.

Os que o visitavam sempre o encontravam com lágrimas nos olhos.

O "esquecimento" dos amigos foi um duríssimo golpe para Diogo.

Quando retornou ao lar, relembrou contristado o que considerou "o fracasso" da comemoração do seu aniversário. Mas o que mais o machucava não eram as dores que ainda sentia, mesmo com medicamentos sedativos: era a constatação de que dois filhos seus sequer se preocupavam com seu estado. Não tinham dado nem ao menos um telefonema. Amparou-se emocionalmente na presença constante dos filhos Mariana e André, e do neto Antônio.

A ingratidão dos amigos ele administrou, mas o desamor filial de Marcos e Tadeu deixou sua alma mais machucada do que seu coração.

Bem cedinho, o dr. Jorge adentrou o apartamento hospitalar no qual se hospedara Diogo, encontrando-o acordado, com André ainda dormindo. Deu a boa notícia para todo paciente:

— Comendador, acabo de passar pela administração, e o senhor está de alta médica. Pode ir para sua casa quando quiser.

— Agora mesmo!

André, que nesses três dias de internação hospitalar dormira junto do pai, acordou e sobressaltado perguntou:

— O quê? O que aconteceu?

— Seu pai está com alta e já pode voltar para casa.

Rapidamente Diogo e o filho se arrumaram e deixaram o hospital no carro de André. Passaram pela casa de Mariana, que ficou feliz em ver o pai fora do hospital. No mesmo instante, decidiu que iria com eles. No caminho, pelo celular, Mariana telefonou para Hamilton informando que logo estariam na mansão.

Quando chegaram, Hamilton abriu a porta.

Estava lívido.

Diogo, André e Mariana captaram, inexplicavelmente, antes de adentrarem, que algo de ruim tinha acontecido ali. De fato, assaltou-lhes um vago sentimento de medo, seguido de mal-estar físico e mental.

Entraram.

Desacreditando no que viam, ou melhor, no que não mais viam ali, permaneceram estáticos por alguns instantes, até se recuperarem. Vários objetos de valor que decoravam a sala bem como os valiosos quadros nas paredes não estavam mais lá...

Instantaneamente, Diogo entendeu por que seu empregado mais antigo estava apavorado. Exclamou:

— Ladrões! Fomos assaltados!

— Sim... — balbuciou Hamilton.

A casa e tudo o que nela se continha, por testamento não divulgado, já tinham sido doados a uma entidade assistencial, doação essa mantida em segredo.

Diogo, naquele momento de choque mental, pôs a descoberto o sentimento paterno ao usar o plural: "Fomos assaltados".

Na verdade, quem fora assaltada era a entidade secreta.

Naquele momento, André e Mariana, também em estado de choque, de forma reflexa, abraçaram carinhosamente o pai, com o que os três se fortaleceram. Expedita, Mariana conduziu o pai até uma das poltronas e acomodou-o, recomendando:

— Pai, o senhor está em recuperação e por isso, por favor, procure ficar bem calmo. Deus é Pai de amor e tudo se resolverá.

Diogo, fragilizado, nada disse.

Mariana determinou a Hamilton:

— Por favor, providencie um chá de erva-cidreira imediatamente para papai.

A seguir Mariana ficou na parte baixa da grande casa, fazendo companhia ao pai, acarinhando-o, enquanto André dirigiu-se ao andar de cima para fazer uma inspeção. Teve outro choque: o cofre estava aberto... e vazio. Desceu depressa e, disfarçando, convidou Mariana para irem até a cozinha.

Em questão de segundos, constataram que também no corredor de acesso à cozinha e aos fundos os quadros famosos tinham desaparecido.

Mariana ficou parada no meio da cozinha, muda, imóvel, as mãos tapando a boca, em um esforço para não explodir em lágrimas. O irmão abraçou-a e disse, prudente:

— Não devemos deixar papai perceber o que houve aqui, pelo menos... não tudo o que foi roubado.

Ele próprio não contou para Mariana sobre o cofre.

— Sim, André — disse Mariana —, temos que ter muito cuidado com o estado de saúde dele. Vamos tentar animá-lo.

— Isso! Vamos dizer que tudo está bem e que os quadros estão num ateliê para serem limpos.

Vendo a irmã mais conformada, só então André contou:

— Tudo o que havia no cofre também foi levado.

Na verdade, os filhos de Diogo sabiam que era no cofre que o pai guardava sempre grande importância em dinheiro, cadernos de ações, cópia dos contratos comerciais, comprovantes dos investimentos e documentos pessoais.

— Vamos silenciar quanto ao cofre.

Hamilton voltou do quintal, onde fora buscar a erva-cidreira. André inquiriu-o:

— O que aconteceu aqui? Quem levou as coisas do papai?

— Hoje de manhã, quando chegamos, encontramos o

guarda que vigia à noite amordaçado e a casa sem as coisas.

— Você chamou a polícia?

— Fiquei com medo e esperei os senhores chegarem.

Tentando expressar calma, dirigiram-se à sala. Mas ficaram agitadíssimos ao ver que Diogo já não estava lá.

Em sobressalto, os filhos subiram a estupenda escadaria de mármore de Carrara e entraram no quarto do pai. Estarrecidos, viram-no caído no chão, a mão no peito, gemendo.

André e Mariana, com imensa dificuldade, conseguiram ajudá-lo a se levantar e acomodaram-no no leito.

Diogo murmurou:

— Tudo do *nosso* cofre e mais quadros *nossos* os ladrões levaram também. Os objetos que decoravam a sala...

Desta vez, o pronome é que indicava a posse coletiva.

Mariana e André, quase a uma só voz, disseram:

— Pai, não se preocupe que tudo se resolverá.

André disse mais:

— Deus é sempre justo e jamais desampara seus filhos. Penso que o senhor não deve permitir que esse problema afete sua saúde. O senhor tem seus quatro filhos para ampará-lo, mais com solidariedade e carinho do que materialmente.

— Como assim, solidariedade e carinho? Nem no hospital eles foram me visitar, sequer para saber como eu estava passando...

André mentiu:

— Eles telefonaram diariamente.

— Não acredito nisso. Vocês teriam me contado.

Mariana mudou a conversa:

— Pai, seu patrimônio pessoal não se abalará com esse crime, e o mais importante é sua saúde.

De comum acordo e a pedido de Diogo, Mariana ficaria na casa acompanhando-o por alguns dias, e André ficaria encarregado das providências legais quanto ao furto.

Diogo, refazendo-se parcialmente, ordenou:

— André, por favor, telefone para a polícia e solicite que

o próprio delegado Campos venha aqui. Não digam do que se trata. Quando ele chegar, vamos ver o que pode fazer contra os ladrões da nossa casa.

Outra vez o coletivo: *nossa*.

Não demorou e de fato o delegado de polícia atendeu ao "convite" do comendador, vindo à sua casa. Na presença de André e Mariana, disse-lhe Diogo:

— Obrigado, doutor Campos, por ter aceitado nosso convite. Infelizmente temos que informar à polícia que ladrões entraram hoje aqui e roubaram muita coisa de valor.

Antes que Diogo dissesse mais uma palavra, o delegado, de imediato, sem saber nada sobre o que tinha sido furtado, prometeu:

— Esteja certo, comendador, que a breve tempo a polícia vai esclarecer esse furto e prenderemos o ladrão, ou os ladrões, e o senhor recuperará tudo.

Em tom autoritário, Diogo disse ao delegado:

— Doutor Campos, peço-lhe o favor de por enquanto não elaborar boletim de ocorrência e aguardar minha autorização para o andamento desta queixa. Algo me diz que não demoraremos a descobrir os autores deste crime.

O delegado prontamente concordou:

— Para mim, seu pedido é uma ordem.

Ali, paradoxalmente, o queixoso é que comandava as providências.

Diogo, demonstrando boa memória, discorreu para a autoridade todos os objetos surrupiados, com os detalhes de cada um e principalmente os respectivos valores. Ao chegar à informação sobre o cofre, vacilou levemente, pigarreou e contou:

— Tinha muito dinheiro no cofre.

— O senhor poderia, de modo confidencial, ter a bondade de me informar quanto?

— Quatro milhões de reais...

— Nossa! Alguém sabia dessa fortuna?

— Só eu...

Sem dizer palavra, Campos demonstrou que a informação era precária. Então, Diogo emendou:

— ... e meus filhos sabemos que guardo sempre bom dinheiro. Mas eles estão fora de qualquer suspeita. Aliás, esse dinheiro era deles, pois eu peguei no banco no dia do meu aniversário. Quando a comemoração terminasse, eu daria um milhão para cada um.

Campos, experiente em furtos e roubos, além de outros crimes, com prudência corrigiu o comendador:

— Num furto, senhor, todos são suspeitos. Perdoe-me prestar esse esclarecimento, o que faço com o maior respeito por sua autoridade: até a própria vítima, não poucas vezes, pode ser a culpada do furto.

— O senhor está na minha casa e tem a coragem de me dizer uma coisa dessas?

— Jamais faltaria com o respeito ao senhor. Jamais! No entanto, o que pretendo esclarecer é que todos os ensinamentos jurídicos e policiais sobre furtos demonstram que, para a descoberta do culpado, ou dos culpados, ninguém deve deixar de ser ouvido.

Atenuou:

— De saída só podemos excluir duas pessoas: o senhor e André, que comprovadamente passaram a noite no hospital.

— Espero que o senhor esclareça logo isso e ponha os responsáveis na cadeia, de onde será bom que nunca saiam.

— Comendador, não farei nada sem seu consentimento. Segundo seu pedido, ainda não oficializarei a ocorrência. Não obstante, considero inadiáveis algumas providências...

— Quais?

— Quero ouvir todos os empregados e depois... seus outros três filhos. Tudo isso, naturalmente, se o senhor permitir.

— Permito. Passe bem, doutor.

Campos ia saindo, quando Diogo chamou-o:

— Acabei de me lembrar de um fato misterioso... Quando minha esposa ficou doente, poucos dias antes de morrer, notei que faltavam duzentos mil reais do nosso cofre. Como só eu e ela tínhamos o segredo, esperei que ela melhorasse para perguntar o destino desse dinheiro. Mas minha querida Anamaria foi chamada por Deus e eu não tive oportunidade de esclarecer esse mistério.

A seguir Diogo dispensou o delegado.

André acompanhou-o até a saída.

Campos, antes de se retirar, solicitou:

— Peço, por favor, que assim que puder me forneça a relação de todos os empregados da casa, discriminando nome completo, RG, CPF, endereço, função que exerce e tempo de serviço.

— Pois não, doutor Campos.

— Por favor, relacione também, com os mesmos dados, algum empregado que eventualmente tenha sido dispensado de três anos para cá. Muito obrigado e bom dia. Espero que seu pai fique bom logo.

Após Campos se retirar, André chamou Hamilton e junto com ele fez a relação dos empregados, segundo a orientação policial. A seguir, retirou-se também, para atender a algumas providências das suas atividades. Na verdade, foi até a casa de Marcos e, ao ser recebido, ficou surpreso em encontrar Tadeu lá.

Percebendo a surpresa do irmão, Marcos explicou:

— Convidei Tadeu para vir até aqui a fim de irmos juntos visitar papai no hospital.

André olhou para Tadeu para tentar confirmar, mas o irmão olhava-o com manifesto desprezo, nada dizendo. Informou:

— Papai acaba de sair do hospital, e eu e Mariana o levamos para casa.

— Ah, então o velho já está bom — disse Marcos, com sarcasmo.

— Não, papai teve alta, mas não está recuperado. Vocês nem imaginam o problema que encontramos...

— Por quê? O que aconteceu? — inquietou-se Marcos.

— A casa de papai foi assaltada.

Tadeu, com sarcasmo:

— E o que eu tenho com isso?

— Você não se importa com o que acontece com papai?

— Não. Do mesmo jeito que ele também não se importa comigo.

Marcos falou:

— Bem feito! Quem mandou ficar se mostrando, bancando o milionário bobo? Mas, quem fez isso?

— Por enquanto não se sabe. A polícia esteve lá e já iniciou sindicâncias para descobrir o culpado.

Tadeu comentou:

— Se a polícia já sabe, não imagino o que iremos fazer lá. Aliás, nada temos com o furto na casa de papai. Ele que se vire. A propósito: o que foi roubado?

— Os quadros de papai, os valiosos objetos decorativos e o que havia no cofre.

— Quando isso aconteceu? — perguntou Marcos.

— Segundo Hamilton, hoje, antes de amanhecer, pois o vigia da noite foi amordaçado e contou que eram dois ladrões.

— O que tinha dentro do cofre? — agora foi Tadeu que quis saber

— Uma surpresa para os filhos...

Marcos e Tadeu arregalaram os olhos, subitamente interessados.

Quase a uma só voz perguntaram:

— Qual surpresa?

André não contou, praticamente induzindo os irmãos a irem visitar o pai.

— Isso é o que pretendemos apurar em uma reunião com vocês, Mariana e eu hoje à tarde. Como iam visitar papai, espero-os hoje à tarde lá na casa dele, para juntos discutirmos com Mariana o que fazer. — André tentou sensibilizar os irmãos: — Papai está debilitado e precisando do nosso apoio.

— Será? Desde quando ele precisou de algum de nós? — disse Tadeu.

— Ora, Tadeu, não vamos pensar desse jeito. O momento é de apoio e não de críticas. Peço, por favor, que não faltem.

— Marcos e eu iremos. Mas veja se da próxima vez você fica do lado dos seus irmãos e não do lado do velho.

Antes de se retirar, André questionou aos irmãos:

— Diga-me uma coisa: por que vocês não visitaram papai no hospital?

Tadeu respondeu:

— Pra dizer a verdade, eu fiquei muito apreensivo com tudo o que papai declarou naquela noite. Não o perdoo por não ter primeiro conversado conosco, seus filhos. Ele não podia fazer declarações sobre a nossa fortuna sem se entender com a gente...

O pronome que denotava o coletivo, agora, era afirmado por Tadeu com o *nossa fortuna*.

Marcos uniu-se às queixas de Tadeu:

— Nós, os filhos, não participamos nem do desfile cinematográfico, nem do sorteio.

André considerou que melhor seria não incensar discussão. O momento era por demais inadequado. Mas aconselhou-os:

— Esperamos vocês lá, em visita ao papai. Ele acabou de ter alta hospitalar, está muito carente, deprimido e estressado.

— Vamos ver como as coisas se ajeitam — disse Tadeu, irônico.

Esse era o Tadeu de sempre: mal-educado, grosseiro e egoísta.

Após o contato com os irmãos, André retornou à casa do pai.

Dr. Jorge fora chamado e administrou um leve sedativo em Diogo, para ele conseguir repousar e relaxar. Recomendou a Mariana e André:

— Tomem muito cuidado com seu pai. Ele deve ser poupado de novas emoções, pois após o recente infarto e com a idade dele...

Após o médico se retirar, André contou a Mariana:

— Propus aos nossos demais irmãos uma reunião hoje à tarde, aqui na casa de papai. Vamos contar a eles sobre o dinheiro para nós.

— Você acha que é uma boa ideia?

— Vamos ver. Papai está muito debilitado e eu imaginei que, recebendo a visita dos nossos outros irmãos, talvez eles suavizem ao menos um pouco aquela infeliz atitude no dia da festa de aniversário.

— Você tem razão. Também penso que isso fará bem a papai.

De comum acordo, ambos reuniram os empregados da casa. Mariana falou:

— Vocês serão interrogados pela polícia sobre o furto que aconteceu aqui. Estejam bem calmos. Se Deus quiser, logo a polícia esclarecerá e identificará os culpados.

Hamilton, o de maior responsabilidade, arguiu:

— Dona Mariana, será que há desconfiança de algum de nós?

André atravessou a resposta que Mariana ia dar:

— De forma alguma, Hamilton. Ao contrário, aliás. Penso que papai e Mariana, assim como eu, não desconfiam de nenhum de vocês. Da minha parte, imagino até que quem fez isso esteve presente aqui na festa de aniversário de papai, há quatro dias.

Mariana acrescentou:

— Se algum de vocês souber de alguma coisa que possa ajudar a polícia, por favor, contem ao delegado.

André complementou:

— Esse furto está sem divulgação, a pedido de papai e com concordância da polícia; assim, por favor, não comentem nada sobre isso.

A seguir, os empregados foram dispensados.

Mariana convidou André para irem ao quarto do pai.

Quando adentraram, tiveram um sobressalto ao ver Diogo imóvel, com a boca escancarada...

Os gatos, estranhamente imóveis, estavam em cima da cama, mas com os pelos encrespados.

De quase um salto, Mariana se aproximou do pai e acarinhou-o na cabeça, passando a mão no rosto dele. Notou que alguma coisa grave tinha acontecido, pois o pai não deu demonstrações de sentir o contato.

Mariana então tomou o pulso de Diogo e com dolorida surpresa verificou que o coração não pulsava. Sem titubear, realizou massagens torácicas. Não demorou a perceber que ele não mais vivia.

Explodiu em choro doído.

André também começou a chorar, abraçando fortemente a irmã.

Morto... O comendador Diogo Calvino estava morto!

## 6. Tempestades à vista: o inventário

Constatada a morte do pai, André imediatamente ligou para o médico dr. Jorge, o juiz dr. Castanho e o delegado de polícia dr. Campos.

Os três chegaram praticamente ao mesmo tempo à mansão de Diogo. O juiz orientou André e Mariana quanto às providências legais necessárias para o sepultamento do comendador.

Os três amigos da família permaneceram algum tempo e depois se retiraram. Antes, o juiz afirmou:

— Em meu nome e dos meus dois amigos aqui presentes, prometemos dar todo o apoio aos familiares do comendador Calvino.

Jorge e Campos apenas fizeram um gesto de concordância.

André ligou para os irmãos, mas eles só vieram mesmo à casa na parte da tarde, conforme haviam agendado há pouco a reunião familiar para tratarem do furto à mansão.

Quando chegaram, vendo que André e Mariana já tinham feito tudo o que era necessário, pouco tempo permaneceram. Nenhum deles sequer procurou saber detalhes sobre a morte do pai, só perguntando a respeito do furto. André e Mariana, apenas os dois, dos quatro filhos, demonstravam inconsolável tristeza...

Tomadas as providências previstas em lei e feito contato com a funerária, o velório, na própria mansão, transcorreu sem nenhuma alteração. Compareceram muitas pessoas, entre as quais quase todos os convidados da malfadada festa de aniversário do comendador.

Dr. Castanho se mostrava inconsolável com a morte do grande amigo. Permaneceu durante todo o velório junto aos familiares do comendador. Suas lágrimas, quase permanentes, a todos comoveram.

Antônio, o neto mais velho, médico veterinário, igualmente se mostrava desolado. O avô era seu ídolo, amigo e protetor.

Murmurava baixinho:

— Preciso muito de você... Como é que eu vou ficar sem você, vô?

Nos demais familiares, à exceção de Marcos e Tadeu, a tristeza fez ninho nos corações de filhos, noras, genros, netos e bisnetos.

Até mesmo os empregados da mansão ficaram mais compungidos do que Marcos e Tadeu...

Alguns convidados da festa do então aniversariante, aproveitando o encontro por força do óbito dele, não se interessavam pela sua morte, e sim pelo sorteio que não acontecera. Alguns, em momentos tão inadequados, não se vexaram em dizer que iriam abrir processo judicial para que os herdeiros cumprissem a promessa do morto e realizassem novo sorteio, de brinde no mesmo valor. De preferência, em dinheiro...

Só André, Mariana, Antônio, Castanho, Hamilton e sua filha solteira, Helena, então com trinta e cinco anos, não arredaram pé da mansão, até a manhã seguinte, quando ocorreu o sepultamento, ao qual compareceu grande número de pessoas, entre elas, o dr. Jorge e o dr. Campos.

Desde o dia anterior, os gatos não se alimentavam e miavam doloridamente pelos cantos da grande mansão.

Hamilton tentou agradar os animais, ofertando os alimentos de que eles mais gostavam: rações de carne, peixe, frango e para filhotes.

Em vão. Pareciam em greve de fome... Só três dias depois voltariam a se alimentar.

Retornando à saída do féretro para o cemitério, Antônio explodiu em lágrimas:

— Vô, vozinho querido, você não podia me deixar. Eu te amo tanto.

Surgindo oportunidade, Castanho dirigiu-se aos filhos de Diogo:

— Como vocês sabem, seu pai era como um irmão para mim. Dessa forma, considero-os como sobrinhos. Qualquer dificuldade que eventualmente tenham na vida, me procurem e, se eu puder, ajudarei.

O tom comovido e a mensagem implícita nessas palavras, ditas naquele momento e com indiscutível ênfase, puseram à tona o que ia pelo coração do juiz.

Em nome da família, André agradeceu:

— Doutor Castanho, nunca nos esqueceremos do senhor, a quem papai de fato queria como um irmão...

Concluídas as formalidades no cemitério, esgotados e extremamente tristes, Mariana e André foram para suas casas. André recomendou a Hamilton que mantivesse os empregados nos devidos postos e que a breve tempo resolveria todos os eventuais problemas ou dúvidas deles.

Também a pedido de André, o dr. Campos concordou em só iniciar os interrogatórios dos empregados três dias após o enterro.

André e Mariana, indo repousar após tantas horas despertos, nem assim foram respeitados pelos irmãos, pois até pareceu que, em combinação, ambos fizeram vários telefonemas para eles. Contudo, o marido de Mariana e a esposa de André não os acordaram; deixaram os telefones desligados, antes avisando que André e Mariana haviam marcado reunião com os irmãos só no dia seguinte, na mansão, às dez horas.

E foi o que aconteceu.

Meia hora antes das dez horas chegaram Marcos e Tadeu.

Mariana e André desde bem cedinho já tinham ido para lá.

Demonstrando como o ser humano é sempre um desconhecido, às vezes até de si mesmo, Marcos, sem mais nem menos, assumiu o comando daquela reunião familiar:

— Como filho mais velho tenho o direito de cuidar do inventário de papai. Espero que vocês não criem problemas.

Tadeu, pego de surpresa, assim como os demais, não ficou quieto:

— Você não tem autoridade legal para se autoproclamar responsável por algo tão importante. Aliás, nenhum de nós tem. O que proponho é que façamos tudo juntos.

Como advogado, completou, "lecionando" aos irmãos:

— Se vocês estão pensando no que vão herdar, aliás, como eu próprio estou, tenham calma e não pensem que vão logo receber o que temos direito. Há toda uma gama de procedimentos legais que terão de ser realizados.

— Quais procedimentos? — perguntou Marcos.

— Fazer a abertura da *sucessão* por meio de um inventário, para sabermos a quanto cada um tem direito.

Marcos estrilou:

— Como? Penso que o que papai deixou terá que ser dividido por nós quatro, em partes iguais.

Tadeu explicou:

— Eu não disse que um receberá mais que outro. O que disse é que se faz necessário saber qual é o *espólio* e se há dívidas. Esse é o passo inicial, legal, para só então proceder à *partilha*.

Marcos interrogou:

— E quem vai fazer toda essa verificação?

Tadeu respondeu:

— Um inventariante. Sei que quem o nomeia é um juiz. E pode ser qualquer um de nós, os filhos.

Marcos retomou:

— Por isso é que, como o herdeiro mais velho de todos nós, tenho o direito de ser nomeado o inventariante. Penso que sobre isso não há o que discutir.

Tadeu o contraditou:

— Você até pode ser o inventariante, se todos nós concordarmos com sua nomeação...

O tom foi de expectativa.

André, até então calado, pediu a palavra:

— Não tenho nada contra nenhum de nós ser o inventariante. Não obstante, para evitarmos quaisquer desentendimentos, que poderiam nos distanciar quanto à união familiar que precisamos manter, considero prudente que o juiz nomeie uma pessoa de confiança, mas nenhum de nós.

Marcos esbravejou:

— Você não sabe o que está falando. Eu sou o mais velho e ninguém vai me tirar o direito de administrar os bens deixados por papai para nós; inclusive farei a partilha sem prejudicar ninguém.

André indagou:

— Como você poderá ajuizar o valor de tudo o que papai tenha deixado para nós, se você não entende de quadros valiosos, de estabelecimentos comerciais, que formam a rede de supermercados, nem de terrenos, estatuária, helicóptero, iate, veículos de passeio e de transporte? Talvez não entenda nem dos valores financeiros representados por poupança, títulos, ações, seguro de vida e dinheiro em espécie...

— O que está dizendo, seu bobalhão? Você quer dar uma de doutor pra cima de nós? Você se acha o mais competente para cuidar da fortuna deixada por papai?

E irritado:

— Você se esqueceu do furto? Quem roubou os quadros, objetos valiosos e certamente outros valores dentro do cofre já deve estar longe...

Mariana, até então calada, atravessou a rudeza do irmão:

— Penso que André não quer ser o inventariante. Apenas mencionou o que é necessário fazer. O melhor é pedirmos para as autoridades nomearem um inventariante de nossa confiança.

Tadeu, que não confiava em Marcos, aprovou:

— Penso que Mariana tem razão. Temos que evitar conflitos entre nós, os herdeiros. Para tanto, o ideal será um juiz nomear uma pessoa fora da nossa família como inventariante.

Também alertou:

— Devemos, a qualquer custo, evitar brigas de herdeiros, pois os procedimentos judiciais e os recursos podem demorar anos e anos para se resolverem... Aliás, Marcos tem razão: não podemos nos esquecer de que tanto os valiosos quadros de papai quanto os eventuais valores dentro do cofre foram furtados. Enquanto a polícia não esclarecer esse furto e recuperar o que foi levado pelos ladrões, penso que o inventário ficará parado...

André e Mariana, de comum acordo, sentindo que os irmãos estavam exaltados e só tomados de cobiça, não contaram a eles sobre o dinheiro no cofre que o pai lhes daria de presente. Deixaram para dar essa informação em momento mais adequado.

Tadeu, como se professor fora, ainda lecionou:

— A pessoa a ser indicada tem função autônoma e se denomina *inventariante judicial*.

Marcos, um tanto desarvorado, mas sempre desconfiado, disse:

— Qual de nós vai falar com o juiz? E... qual juiz? O doutor Castanho, tão amigão de papai?

Tadeu novamente esclareceu:

— Doutor Castanho está aposentado e não nomeia mais. Não iremos a um juiz pessoalmente. Há necessidade de nomearmos um advogado, que tratará de todo o processo.

Marcos, grosseiro, dirigindo-se a Tadeu:

— Hum... Será que esse advogado... seria você?

André, calmo, mas incisivo, respondeu:

— Da mesma forma que nenhum de nós deve ser o inventariante, penso que devemos contratar um advogado de nossa confiança, mas que não seja parente. Temos sessenta dias para isso. É o prazo da lei.

Isso excluía Tadeu de ser o advogado de acompanhamento de instauração de inventário até a conclusão do processo, com a partilha final.

Mariana, com bastante certeza e bom senso, sugeriu:

— De comum acordo, devemos procurar o doutor Castanho, amigo de papai e pessoa que tinha a plena confiança dele. Estou convicta de que ele nos aconselhará quanto às providências cabíveis sobre a herança.

André corroborou a sugestão:

— Pensemos que com boa vontade das autoridades os procedimentos do inventário e da partilha poderão ocorrer sem interrupções.

Esse argumento encontrou eco nas almas cobiçosas de Marcos e Tadeu.

Marcos falou:

— Isso é verdade. Precisamos resolver essas formalidades para pegar o que é nosso.

Procurado, dr. Castanho, sempre com boa vontade e agindo no caso com positivas lembranças de sua amizade com Diogo, fez questão de assessorar os filhos órfãos do seu grande amigo. Informou-lhes:

— O juiz de direito em atividade é meu amigo. Vou ter um encontro com ele e solicitarei que faça sem tardança a indicação de advogado para a abertura da sucessão.

Castanho não julgou prudente informar, naquele momento, que Diogo, em vida, o nomeara testamenteiro universal de seu espólio, pelo que ele seria o inventariante.

Na manhã do dia seguinte ao enterro do comendador, o delegado agendou encontro com dr. Castanho na residência dele, para uma audiência, a que foi atendido de pronto. Sentados à beira da piscina, Campos narrou detalhadamente o furto ocorrido na mansão.

O juiz ouviu tudo e, bastante emocionado, comentou:

— Os ladrões, com toda certeza, são corresponsáveis pela morte do meu maior amigo, o Diogo. Penso que quando forem presos a lei deve ter mão pesada para com eles...

Fitou o horizonte e, extremamente preocupado, contou:

— Pela confiança que deposito em você, Campos, vou contar-lhe um segredo, só meu, da Odete e do Diogo...

Campos ficou surpreso.

Castanho confidenciou:

— Quando Diogo convidou-me para ser vice-presidente de uma entidade filantrópica que ele criaria, eu, muito honrado, aceitei. Em seguida, levou-me até a casa dele e repassou-me um envelope lacrado que retirou do cofre.

Campos ouvia atento, aguardando o que estava por vir.

— Nunca, em toda a minha vida — prosseguiu Castanho —, alguém me deu prova de amizade e confiança como o comendador. Pois não é que, sem mais nem menos, há poucos meses, ele me pediu: *Carlos, como você não desconhece, meu coração não está lá muito firme. Por isso, peço, por favor, que guarde este envelope em lugar bem secreto e só o abra se por acaso eu morrer. Antes que me pergunte, já vou adiantando que no meu testamento você figura como testamenteiro universal.*

Respirando fundo, o juiz ficou em silêncio por alguns segundos e logo retomou:

— Quis replicar, mas Diogo sequer permitiu que eu abrisse a boca. Ele continuou: *Como você já é o vice-presidente da nossa Fundação, nada mais justo que seja também o inventariante do meu espólio, que, aliás, será surpresa para meus filhos. Por isso, neste envelope está o segredo do cofre que está na minha casa. Ninguém mais sabe deste segredo. Rogo a você que só abra o cofre quando eu morrer. Diga-me que aceita mais esta incumbência.*

Dr. Castanho, ligeiramente trêmulo pela emoção, concluiu o desabafo:

— Campos, penso que você bem pode avaliar as consequências do que acabei de lhe revelar. Sou o principal suspeito do furto do cofre, pois você acaba de me informar que o cofre foi aberto sem danos, e Diogo havia me informado que ninguém mais sabia qual era o segredo dele... Meu Deus!

Campos não sabia o que dizer. Entre o homem e o profissional, não teve reação de pronto. Assim como o juiz, ficou em silêncio por um tempo que pareceu uma eternidade. Por fim, juntou sentimento com raciocínio e declarou:

— Em princípio, de forma alguma concordo com o seu pensamento de ser suspeito. Recuso-me a isso. Conheço-o há muitos anos, doutor Castanho, e não seria eu que cometeria uma infâmia contra sua honra.

— Agradeço de coração, Campos, sua solidariedade. Não obstante, em termos de bom senso e praticidade, proponho que por três semanas esse segredo que lhe revelei fique mesmo só entre nós dois. Decorrido esse prazo, penso que melhor será nos avistarmos com meu amigo juiz em exercício e narrar para ele o que pudermos apurar até lá, dessa maneira oficializando o furto.

— Considero realmente muito adequada essa solução. Da minha parte, o senhor pode ficar tranquilo que só tomarei alguma providência de comum acordo com o senhor.

— Não esperava outra atitude de você, Campos, que não fosse de confiança em mim. Você não se arrependerá... Sabe por quê?

— ...?

— Simplesmente porque não fui eu que abri o tal cofre.

— O senhor nem precisava dizer isso.

O juiz considerou:

— Penso que não seria prudente revelar a Marcos e Tadeu que o dinheiro no cofre era presente de Diogo aos filhos. Como André e Mariana já sabem disso, recomende a eles que não o revelem aos irmãos. Essa informação só será divulgada para eles após a leitura do testamento.

Antes de se retirar, Campos comentou:

— Estou impressionado com esta calopsita que não sai do seu ombro. Até parece que ela quer falar alguma coisa...

— Você gosta de animais?

— Amo-os. Tenho uma cachorrinha que para mim é como filha.

— Então somos dois. Esta calopsita era da minha mulher, Vânia, e, quando fiquei viúvo, há seis anos, adotou-me. Custou um pouco para eu e a avezinha nos entendermos, mas hoje me faz companhia em tempo integral quando fico em casa. Deu-me a honra de entrar para o "bando" dela. Bando só de dois...

Para mostrar o que a calopsita sabia "falar" ou fazer, Castanho deu um assovio breve. No mesmo instante, a ave assoviou também. A seguir, Castanho disse "desce", e a ave saiu do ombro dele e procurou a mão do dono. Castanho ofertou o dedo, e ela se empoleirou nele, onde ficou confortavelmente. Então disse "sobe", e a ave foi para seu ombro de novo.

O mais incrível, porém, estava por vir: Castanho falou "bom dia", e a ave repetiu, em um tom não tão claro, como se fosse um papagaio, mas prestando-se a atenção era identificável como "bom dia". Castanho deu a ela um pouco de painço, que ela adorava.

Mais uma ação da calopsita: Castanho aproximou o rosto dela e com muito jeito começou a beijar-lhe as asas. A ave começou também a bicar o nariz do juiz, a face, a testa, sempre com o topete em festa. Bicadinhas de brincadeira... Retribuição e gratidão pelo carinho.

Por fim, o juiz disse o nome da ave: "Kalô", abreviatura de calopsita, e a ave repetiu "Kalô". Explicou:

— Quando minha mulher ensinou-a a falar, a calopsita não parava de dizer a mesma palavra o dia inteiro, daí que minha mulher ordenava: *Calou!* Não deu outra: a ave passou a repetir a palavra, que então ficou como nome dela. A companhia da Kalô para mim é uma bênção de Deus, pois ela não me deixa sentir solidão, apenas saudade de Vânia.

Quando Castanho disse "Vânia", mesmo não se dirigindo a Kalô, ela repetiu por três vezes:

"Vânia, Vânia, Vânia".

O juiz não conseguiu evitar que lágrimas rolassem. Fazia tempo que a ave aprendera essa palavra e não a pronunciava. E, para surpresa dele, notou que Campos também estava com os olhos marejados.

O juiz contemplou Campos com um desabafo íntimo:

— Fiquei abalado e solitário quando enviuvei. Até hoje sinto falta de Vânia. Como sempre fui muito expansivo, a solidão me maltratou por dois anos, até que me casei novamente, com Odete. Naturalmente, por respeito à segunda esposa, jamais deixei transparecer a saudade imensa que sinto da primeira... Que Deus a tenha em Sua Glória.

O delegado ouviu tudo em silêncio. Ao escutar o nome de Deus, disse apenas:

— Amém.

Castanho prosseguiu:

— Sobre Odete, ela é professora do ensino fundamental, dando aulas há muitos anos para a terceira série, sempre para a terceira série. Vim a conhecê-la em circunstâncias interessantes, pois foi no último julgamento que eu presidi, antes de aposentar. Tratava-se da queixa de um pai de aluno que não se conformava com a atitude dela de iniciar as aulas com uma prece. Sim, a cada dia, Odete iniciava a aula convidando todos os alunos a dois minutos de silêncio, para que cada um fizesse uma oração, dentro dos cânones de sua religião. Se algum aluno não quisesse orar, ela pedia apenas que ficasse em silêncio, respeitando os colegas.

Com muita calma, esclareceu:

— Antes de lavrar sentença, fui até a escola e conversei com muitos pais de alunos de Odete, e eles deram conceito máximo para ela, elogiando-a como extremamente carinhosa com todos os alunos, além de ser muito competente. Seus alunos sempre chegavam ao quarto ano bem mais instruídos em relação a outros, também da mesma série. E não houve nenhum pai que discordasse das preces silentes. Só elogios.

Com muita certeza, repassou o fecho dessa queixa:

— Obviamente, desconsiderei a queixa e inclusive, na minha sentença, enalteci a dedicação da professora. Depois... Bem, depois nós nos aproximamos e estou casado com ela, vivendo ambos em paz e com a felicidade possível...

Castanho, mudando o clima, mostrou uma peripécia da Kalô e disse delicadamente: "gaiola". No mesmo instante, a avezinha repetiu "gaiola", descendo do dedo dele e dirigindo-se à bela gaiola, com abertura permanente, sem teto, aposento preferido dela para dormir, e se acomodou em uma toalha branca.

O delegado reparou:

— Parabéns, doutor Castanho, por não prender a Kalô. Para mim, gaiolas fechadas, aquários e zoológicos são autênticas cadeias de inocentes, condenados à prisão perpétua.

Os dois homens se despediram, ficando nos anais da existência deles a concretização perene de respeito, confiança, amizade e, mais que tudo, fraternidade — recíprocos.

Campos, alguns dias após o falecimento de Diogo, convocou André e disse-lhe:

— Como você testemunhou, seu pai solicitou-me que aguardasse algum tempo para oficializar o furto na mansão dele. Não tendo a polícia recebido o pedido para abrir o inquérito sobre o furto, pretendo iniciar oficiosamente os interrogatórios necessários, para não perdermos tempo quanto à queixa oficial, que agora deve partir de vocês, os irmãos.

— Pois não, doutor Campos. O que eu puder fazer para colaborar, é só o senhor me dizer.

— Sobre essa queixa, peço que vocês me deem três semanas, após o que certamente teremos meios de oficializar o furto.

— Penso que o senhor está sendo bondoso, resguardando a honra de papai e a paz da nossa família.

— De início, se não houver prejuízo para suas atividades, gostaria de ir até a mansão e interrogar os empregados, os que estão em atividade e os que eventualmente tenham trabalhado lá nos últimos três anos. Penso que essa providência demandará poucos dias.

— Sim, doutor Campos, eu estarei lá para orientar os empregados e eventualmente prestar alguma informação ao senhor.

— Ótimo. Começarei amanhã bem cedo. Como não há queixa, será preciso esclarecer aos empregados que não é um interrogatório, e sim a busca de alguma informação que ajude no esclarecimento do furto.

A seguir, Campos complementou seu plano inicial de investigação:

— Concluídas as conversas com os empregados na mansão, será a vez dos familiares. Posso começar por você?

— Claro, estarei sempre às suas ordens.

— Eu e o doutor Castanho sugerimos que você e sua irmã não revelem ainda aos seus irmãos que o dinheiro no cofre era para ser repartido pelos quatro.

— Pois não. Recomendarei isso a Mariana. Conte conosco. Aliás, para dizer a verdade, pensamos assim também.

— Por favor: transmita aos seus irmãos nossa ideia e que eles estão desde já convidados a estarem presentes na mansão, a partir de amanhã, pela manhã, para eventuais trocas de informações.

Assim que se despediu do delegado, André comunicou aos irmãos as providências policiais sobre o caso do furto, na mansão do pai.

No dia seguinte e por mais quatro dias, Campos compareceu à mansão dos Calvino, "conversando" com os empregados. Nessas ocasiões, só André esteve presente.

Quando Campos conversou com Hamilton, a certa altura, perguntou-lhe:

— Além dos empregados, alguma pessoa costumava frequentar aqui?

— Algumas vezes minha filha Helena, a convite de dona Anamaria, para juntas irem a algum shopping, às vezes para assistir a filmes, outras vezes para compras. Elas se davam muito bem.

A seguir, lá mesmo, passou igualmente a pedir detalhes aos filhos de Diogo, o que levou mais dois dias.

Concluída essa fase, não prosperou a expectativa de surgir alguma pista. Antes de encerrar seu trabalho, o delegado pediu a Hamilton:

— Você poderia me fazer o favor de trazer sua filha para que eu apenas converse com ela?

— Ela é suspeita?

— De forma alguma. Não tenho nenhum suspeito até agora. É só para cumprir um roteiro oficial de conversar com quem conhece ou conhecia as normas da casa.

— Sinto muito, doutor Campos, mas desde que dona Anamaria faleceu minha filha nunca mais pôs os pés aqui...

E emendou:

— ... mas, se o senhor quiser, poderá ir lá em casa, pois ela mora comigo.

— Muito bem. Quando?

— Agora mesmo. Minha casa não é longe daqui.

E, assim, quando Campos e Hamilton chegaram, Helena assustou-se, mas logo o pai tranquilizou-a:

— Doutor Campos é amigo da família do comendador. Quer fazer só algumas perguntas a você.

Campos, admirado com a beleza de Helena, perguntou:

— Só quero saber se alguma vez você viu alguém na companhia do comendador, principalmente no andar superior...

— Não, doutor Campos. Não tenho memória de ninguém.

— Desculpe-me perguntar, mas você alguma vez viu o cofre aberto?

— Jamais! Jamais!

— Ao que você saiba, alguém seu conhecido ultimamente fez compras de coisas caras?

— Não, as pessoas que conheço não têm posses para isso.

— Qual foi a última vez que você foi à mansão?

Helena ficou pálida, torceu nervosamente as mãos e respondeu:

— Depois que dona Anamaria morreu nunca mais fui lá.

Campos, com seu faro policial, detectou que algo oculto bailava no ar. Deu a conversa por encerrada, mas na sua mente uma luz amarela se acendeu...

Ia se despedir quando ouviu-se o choro de um bebê.

Helena pediu licença, despediu-se do delegado e foi atender ao bebê em outra dependência da casa.

Hamilton acompanhou-o até o carro.

Campos, antes de se retirar, não conseguiu evitar uma pergunta:

— Desculpe-me, senhor Hamilton, mas não quis constranger sua filha, porém gostaria de saber se ela tem marido, namorado...

— Não, doutor Campos, minha filha é solteira. A criança que chorou é meu neto, vai fazer um aninho. É filho dela.

Como policial, não conseguiu evitar mais perguntas:

— E quem é o pai?

— Isso ela não revela...

Campos retirou-se, mas algo dele ficou naquela casa tão simples.

Os dias passaram, e nada tinha sido apurado quanto ao furto.

Campos, sob impulso da recordação de Helena, que não saía do seu pensamento, procurou Hamilton:

— Senhor Hamilton, com todo respeito, será que o senhor permitiria que eu convidasse sua filha para um passeio?

Hamilton ficou intimamente feliz, pois sua filha, solteira e com trinta e cinco anos, no pensamento dele já passara da hora de ter o próprio lar. Ainda mais que seu neto, Diego, com apenas um ano de idade, precisava de proteção, do tipo que só pai e mãe poderiam proporcionar.

Assim, controlando-se para não demonstrar euforia, respondeu:

— Da minha parte isso seria uma coisa boa, mas, como é com a minha filha que o senhor quer passear, por que não a procura e faz pessoalmente esse convite?

— Agradeço sua autorização. Procurarei Helena.

— Doutor Campos, antes, peço desculpas, mas pergunto: o senhor é casado?

— Sou viúvo.

Despediu-se, deixando um pai entrevendo a felicidade da filha e do neto...

E assim, nos dias seguintes, Campos por várias vezes telefonou para a casa de Hamilton, na esperança de que Helena atendesse, mas não prosperaram tais tentativas.

Resoluto, com a lembrança da linda Helena fustigando sua alma, não pensou duas vezes. Fracassando nas tentativas por telefone, foi em pessoa até a casa dela. Hamilton não estava, mas tinha dado autorização para aquela visita.

Tocou a campainha e foi atendido por Helena.

Quando a viu, em trajes simples e sem maquiagem, pensou: *Por Deus, cada vez ela fica mais bonita*.

A filha de Hamilton reconheceu o delegado:

— Pois não?

— Bom dia, Helena. Posso entrar?

— Bom dia, delegado. Meu pai não está...

— Tenho autorização dele para fazer um convite a você. Tentei várias vezes por telefone, mas não fui atendido.

— Eu não atendo o telefone fixo. Só o meu celular...

— Ah, então foi por isso. Será que posso entrar?

— Desculpe-me, mas volte outra hora, quando papai estiver.

— Tudo bem. Já que não me resta alternativa, de verdade vim aqui para convidá-la a um passeio comigo.

— Passeio? Que passeio, doutor Campos?

— Vamos até o lago para um passeio de canoa. Depois, se você aceitar, almoçamos juntos. Por favor, não diga não...

Helena captou, não apenas pelas palavras, mas muito mais pelo tom em que foram proferidas, além de pelo olhar de "criança pedindo doce" com o qual o delegado a olhava, com languidez, a natureza daquela proposta. Mais por instinto maternal do que propriamente como mulher, aquiesceu, porém antes a sagacidade feminina ajudou-a:

— Doutor Campos, eu não sei nada sobre o senhor...

Campos entusiasmou-se. Também tinha trato com várias pessoas e, pelo simples fato de Helena não recusar, isso entremostrava que uma pequena fresta ela deixava aberta em seu coração.

Experiente também e com comportamento de psicólogo, respondeu:

— Sou viúvo. Tenho quarenta anos. Possuo dois filhos adolescentes.

Essa minibiografia oral autorizou Helena a conceder, com ressalvas:

— Um passeio, doutor Campos. Apenas um. Não estou preparada para um relacionamento mais sério...

Campos não se intimidou:

— Na vida, Helena, nenhum de nós está preparado para determinados acontecimentos que o destino nos apresenta, muitas vezes sem mandar aviso.

Venceram a resistência de Helena o bom senso do delegado e sua filosofia, correta principalmente quando exposta por alguém em clima de paixão.

— Quando o senhor quer realizar esse passeio?
— Quando quiser, mas tem uma condição...
— Qual?
— Que você pare de me chamar de "senhor", "delegado", "doutor Campos", e passe a me chamar apenas de Urbano.
— Pois não... Urbano. Por favor, venha sábado, onze horas.

Campos, ao se despedir, em um gesto espontâneo e cavalheiresco, tomou a mão de Helena, e seus lábios deixaram ali esperanças... Esperanças dele...

Quando Hamilton chegou, a filha contou sobre a visita do delegado e notou que o pai, muito mais que ela, ficara feliz.

Dessa forma, quando Campos, ou melhor, Urbano veio no sábado buscar Helena, encontrou-a pronta, esperando-o. Apreciou a pontualidade. Mas apreciou muito mais como ela agora, se possível fora, estava ainda mais bonita.

Gentil, abriu a porta do carro para Helena.

Há tempos que ela não vivenciava clima de tanta atenção, mesclado com paixão à vista. Já tivera alguns namorados, mas com nenhum deles prosperou o fortalecimento da convivência, daí que já não mais esperava apaixonar-se "para casamento" com ninguém, quando aconteceu de ficar grávida, só que de um homem casado.

Várias lembranças afluíram à memória de Helena: dois anos atrás, quando descobriu que se apaixonara por um homem casado, falou mais alto em seu coração um sentimento de culpa, antevendo o desmanche de um lar caso prosseguisse com esse relacionamento.

Por vários dias estivera pensando naquela gravidez, provável, mas não prevista. Sendo solteira e muita religiosa, não encontrava alternativa como solução do problema que passou a atormentá-la, dia e noite, noite e dia.

Decorridas duas semanas da confirmação de que estava grávida, buscou na prece ajuda dos céus. E, como resposta às preces sinceras, como infalivelmente ocorre, tomou uma decisão: parar de sofrer, vivenciar a gravidez, ser mãe. Tudo com a bênção de Deus.

A formação religiosa de Helena falava alto em sua alma desde o primeiro dia em que soubera estar grávida: jamais uma mulher grávida deve abortar, pois que isso não passa de assassinato, do mais covarde tipo, eis que a vítima não tem como se defender.

Desde então, com prudência e calma, contou ao pai, omitindo detalhes de como acontecera. Hamilton, há muitos anos separado da esposa, ouviu e no mesmo instante, compreensivo e bom, afirmou:

— Em primeiro lugar, minha filha, peçamos a Deus que meu neto chegue aqui em casa com saúde e nos encontre aguardando-o com alegria em nossos corações.

Franziu a testa e aconselhou:

— Graças aos ensinos de Jesus, quando abençoou as criancinhas, tenho certeza de que você jamais pensaria em evitar que esse presente do Criador chegasse até nosso lar.

— O senhor nem precisa falar isso, papai, pois creio que a vida é a maior de todas as bênçãos que um ser tem. E as existências terrenas sucessivas, outra bênção, pela reencarnação. Tão grande é a sabedoria de Deus que é pelas várias vidas que vamos evoluindo em cada uma delas, pouco a pouco subindo a escada que um dia nos deixará mais perto d´Ele.

— Não quero ser inconveniente, mas, como seu pai, preocupo-me com sua saúde e principalmente, agora, com sua paz. Um conselho lhe dou: tenha muita prudência quanto aos passos do pai. Como você não disse quem é e se ele não assume a paternidade, de preferência, mantenha-o afastado.

No decorrer dos dias, Helena preferiu o silêncio, desfez o "namoro" e não contou a ninguém mais sobre a gravidez. Pediu demissão da clínica veterinária em que trabalhava e se mudou para outra cidade, onde foi morar com uma tia, também solteira.

Quando o filho nasceu, esperou seis meses e retornou à sua cidade, sendo ela e o filho acolhidos amorosamente por Hamilton.

Nunca mais namorou.

Após essas lembranças, e saindo delas, esse encontro com Urbano deixou-a confusa, pois a recordação do pai de seu filho voltou com tudo em seu coração. Amava-o, ainda.

Nesse estado de alma, ao lado de Urbano, com pensamentos revoltos, sentia-se como traidora daquele amor impossível com um homem casado, amor que gerara um sol em sua vida: o filho Diego...

Realizaram o passeio. Urbano, sempre educado e gentil, impressionou Helena pela maneira carinhosa como a tratava.

Depois do passeio pelo lago, onde pouco falaram, foram almoçar.

À entrada do restaurante, Urbano tomou a mão de Helena, em um gesto típico de namorados. Só que o efeito esperado deu-se ao contrário, pois Helena, como que acometida de intenso mal-estar, afastou a mão da de Urbano. Trêmula, como que em choque, mal conseguiu falar:

— Não dá, Urbano. Me desculpe, mas não dá. Não posso continuar. Por favor, leve-me de volta para casa.

O delegado, pego de surpresa ante tão desagradável atitude, superou o forte sentimento de rejeição, sinalizando perda:

— Você está bem? Está se sentindo bem?

— Sim, sim. Por favor, não quero falar mais nada. Leve-me para casa.

Quando chegaram, antes que Urbano descesse do carro para abrir a porta de Helena, ele interrogou, perplexo:

— Helena, Helena, pelo amor de Deus, o que foi que aconteceu?

— Eu tentei... Mas não consigo. Amo outro homem... Perdoe-me.

Entrou correndo na casa.

Urbano ainda teve tempo de ver que Helena, ao descer do carro, irrompera em forte choro, com lágrimas em profusão.

Aturdido, compreendeu que estivera diante de uma pessoa com pesada carga de lembranças do passado... Pois então Hamilton não lhe contara que ela nunca revelara quem era o pai do filho?

Nada mais restou a Urbano senão retirar-se, arrasado.

Chegando à casa onde morava com os dois filhos adolescentes, foi recebido com euforia pela cachorrinha Bibi, que salvara em uma enchente. Os filhos, àquela hora, estavam em um shopping.

Tamanha e tanta era a alegria do animalzinho, que Campos se consolou em parte, saindo do mergulho em queda livre no qual seu coração estava, ferido emocionalmente.

Não se diga que os animais não têm sentimentos...

Da euforia, captando que o dono estava triste, Bibi interrompeu os festejos que fazia e, com a cauda entre as patas, foi de orelhas baixas para sua almofadinha, onde começou a ganir, em um automatismo fisiológico atávico, herdado geneticamente da longínqua origem lupina.

Fados que ajudam aos maus, igualmente ajudam aos bons, uns e outros sempre de modo inesperado.

E foi o que aconteceu, desta vez, pelo e para o bem...

Três semanas após os interrogatórios, isto é, as "conversas", e ainda sem nenhuma pista, o delegado resolveu consultar os filhos de Diogo para oficializar o furto, considerando-o "furto não esclarecido", e arquivá-lo. Assim, as peças roubadas, provavelmente seguradas, seriam indenizadas.

Três semanas fora o prazo sugerido pelo dr. Castanho.

Com esse ato policial, o inventário poderia ser concluído.

Porém, o escrivão, sabendo da intenção de encerramento da peça policial, antes mesmo de ser inaugurada, comentou com o superior:

— Sabe, doutor Campos, meu cunhado, que trabalha numa concessionária de automóveis em outra cidade, veio visitar a irmã e nos contou que, semana passada, um dos filhos do famoso comendador Calvino, de nome Marcos, esteve lá na agência e comprou um carro zero-quilômetro bem caro...

O delegado quase deu um pulo na cadeira.

— Caramba! Quando foi que seu cunhado contou isso? E por que você não me disse nada quando interrogamos o filho, Marcos?

— Porque foi ontem que meu cunhado deu essa informação, quando comentávamos com ele, em segredo, que houve um furto na mansão dos ricos Calvino, e eu disse que nós, da polícia, não tínhamos descoberto nenhuma pista por enquanto.

— E o que mais seu cunhado contou?

— Que o carro foi comprado com dinheiro à vista...

— Venha comigo!

O delegado e o escrivão procuraram André e, sem dizer nada, simulando apenas curiosidade, Campos perguntou:

— André, por formalidade e para concluir a peça policial que estou elaborando, embora ainda sem o selo oficial, gostaria que me prestasse mais algumas informações.

— Pois não, doutor Campos. Pode perguntar.

Campos começou pelas beiradas, até alcançar o alvo:

— Só para confirmar: todos os quatro irmãos Calvino têm posses?

— Sim.

— Todos já trabalharam com o comendador nos supermercados?

— Não, senhor.

— Todos se davam bem com o pai? Algum tinha alguma queixa?

— Não digo propriamente que todos nós mantínhamos bom relacionamento paterno. Papai, por vezes, era ditador...

— Você poderia explicar melhor e dar um exemplo?

— Sim. Papai sempre quis que seguíssemos seus exemplos e tinha em mente que o sucederíamos nas lojas dele. Mas nenhum de nós quis fazer parte dos negócios. Quando mamãe morreu e foi feita a partilha da herança, cada um recebeu uma boa parte.

— Perdoe-me, mas você pode me dar mais detalhes sobre isso, que considerarei informação secreta, só entre nós, isto é, a polícia e os filhos do comendador?

— Cada um recebeu algo na ordem de quinze milhões de reais.

Campos chegou ao ponto que queria:

— E todos fizeram essa fortuna aumentar?

André vacilou. Isso não passou despercebido ao policial.

— Nem todos, doutor Campos — respondeu André.

— Como assim?

— Marcos, infelizmente, de longos anos é alcoólatra compulsivo. Papai várias vezes tentou ajudá-lo a largar a bebida, mas debalde. Quando ele recebeu sua parte da herança materna, todos ficamos preocupados com o que faria. E então...

— Sim?

— Ele entregou-se a beber e a jogar. Dissipou em dois anos o que recebera. Aliás, de verdade, nunca trabalhou. Quem sustentava a casa, antes da herança que recebeu, era Judite, sua esposa, professora e muito trabalhadora no lar também. No recebimento da parte de Marcos na herança materna, ela, inclusive, exigiu que fossem comprados três imóveis com o dinheiro da herança, prevendo o que poderia acontecer e que infelizmente aconteceu: Marcos ficou sem dinheiro. Judite jamais concordou em assinar a venda de nenhum dos imóveis. As despesas da família são bancadas pelo salário da esposa e pelo aluguel dos imóveis.

— E como é que ele continuou a sustentar o vício do álcool e do jogo?

— No jogo, ele perdeu todo o crédito com os cambistas. Quanto ao álcool, sempre deu um jeito de alguém pagar-lhe a bebida. E, quando suas dívidas aumentavam, os donos dos bares procuravam papai, que imediatamente os indenizava.

Extremamente magoado, André ainda informou:

— Eu próprio levei Marcos por três vezes, com consentimento de Judite e dos filhos dele, e o internei, primeiro no hospital e depois em clínicas especializadas, para se livrar da bebida. Papai sempre pagou adiantados a estadia e o tratamento. Mas ele sempre fugia poucos dias após chegar e nunca cogitou se tratar.

Campos, ante a sincera colaboração de André, comovido, deu-lhe um abraço fraternal e confidenciou:

— Agradeço de coração o que você me contou. Serei discreto e isso ficará entre nós. Mas tenho uma terrível informação para você...

André, recuperando-se em parte da tristeza, quis saber:

— Por favor, diga-me o que o senhor está pensando ou o que sabe.

— Mais ou menos duas semanas após a morte do seu pai, seu irmão comprou um carro caríssimo e pagou com dinheiro à vista... Não tive a menor dificuldade em apurar isso tudo.

— Por Jesus! Não é possível! Será que foi ele que...

Não conseguiu terminar. Sentou-se, angustiado com o que ouvira. Perguntou:

— Como o senhor descobriu?

Campos respondeu de modo indireto e apoiou moralmente André:

— Até agora não tínhamos nenhuma pista sobre o furto, mas às vezes a sorte ajuda as diligências policiais. Assim, penso que, tendo surgido um fato importante que apuramos, estamos próximos de deslindar quem furtou, como, quando e qual o destino do que foi levado.

— Faço o mesmo pedido de papai: se puder e não contrariar nenhum dispositivo legal, por favor, o senhor chame o Marcos e apure se há algo contra ele. Contudo, mantenha sem oficializar por enquanto essa investigação. Aliás, gostaria que os demais irmãos estivessem presentes.

— Por enquanto não há queixa registrada junto à polícia, daí que não será problema atender à vontade do seu pai e a sua. Quanto a conversar com Marcos, vou telefonar para ele e pedir que compareça à delegacia amanhã, às nove horas. Antes, tentarei levantar alguns dados sobre ele.

André entendeu que o delegado não diria mais nada. Perguntou:

— O senhor considera que os demais irmãos devem também estar presentes?

— Por enquanto, não. Pelo andamento do que for apurado, se for o caso, convocarei uma reunião dos quatro.

E assim, no dia seguinte, Marcos, frente a frente com o delegado, não perdeu a agressividade:

— Bom dia, doutor Campos. Posso saber por que o senhor me chamou? Convocou também os outros irmãos?

Campos informou:

— Bom dia, Marcos. Não chamei os outros, apenas você, pois recebi uma informação importante, que pode, de alguma forma, estar ligada ao furto na casa do seu saudoso pai.

— Hum... Do que se trata?

— Vou direto ao assunto: apurei junto ao seu banco que você está com sua conta sem saldo positivo, e isso há meses. Você confirma?

— Como assim? O senhor foi ao meu banco sem minha autorização?

— Isso mesmo! E sabe por quê? Por consideração a um pedido do seu pai, quando me chamou para informar sobre o furto, solicitando que eu não oficializasse a queixa. Se eu quiser, posso pedir uma busca oficial. Mas aí a queixa terá de estar formalizada.

— E qual é o problema em oficializar a queixa, como diz o senhor?

— Após nossa conversa, veremos se vai entender qual é o problema...

— Tudo bem, agradeço. Mas o que tem isso a ver com minha conta?

— Por favor, responda à minha pergunta: você confirma que está há meses sem saldo financeiro?

Marcos se remexeu na cadeira; de repente, começou a tremer e a sentir falta de ar. O delegado captou que, de fato, ele não estava passando bem. Acalmou-o:

— Fique tranquilo, Marcos. Estou investigando o furto e não tenho nenhuma prova contra quem quer que seja. Não o estou acusando de nada. Apenas apurando uma informação que recebi e que se relaciona com o furto.

Marcos tranquilizou-se em parte.

Campos ofereceu-lhe um copo de água, que foi aceito.

O delegado repetiu:

— Só responda à minha pergunta...

— É verdade, doutor. Estou com dificuldades financeiras há tempos, mas tenho alguns investimentos e logo me recuperarei.

— Marcos, vejo que você não está bem de saúde, assim, não vou tomar seu tempo nem o meu. Se está em dificuldades financeiras, como acabou de declarar, como é que comprou um automóvel luxuoso?

Dito assim, de supetão, Marcos, ao ouvir, se descontrolou. Tremedeira forte assaltou-o instantaneamente e ele começou a suar frio. O delegado percebeu que não mais poderia continuar na sindicância.

— Diga-me, Marcos, quer que eu chame o médico? Doutor Jorge?

— Sim...

Quando o médico chegou, logo identificou que Marcos apresentava sintomas de cirrose hepática, por consumo exagerado de bebida alcoólica. Conduziu o paciente no próprio carro e internou-o no hospital. Não pela primeira vez o fato se repetia...

Dr. Jorge medicou Marcos e determinou que ficasse sob cuidados médicos por 48 horas. A seguir, informou Judite, a esposa dele, e também André, que lhe perguntou:

— Como foi que o senhor atendeu Marcos?

— Doutor Campos solicitou-me que fosse à delegacia de polícia, pois era lá que Marcos estava. Quando cheguei, vi que estava mal.

André repassou a informação para Tadeu e Mariana. Depois, foi à delegacia e solicitou detalhes ao dr. Campos:

— Meu irmão confessou alguma coisa?

— Não. Quando informei que sabia da compra do automóvel, irrompeu a crise e não houve possibilidade de prosseguir. Doutor Jorge perguntou-me o que Marcos fazia na delegacia, mas eu disse que apenas complementava o interrogatório sobre o furto.

Os irmãos visitaram Marcos no hospital no mesmo dia em que ele foi internado. Os médicos informaram que o estado dele não tinha ainda diagnóstico completo e por isso estava em observação, devendo permanecer mais alguns dias ali. Que a visita fosse breve.

À saída do hospital, Tadeu dirigiu-se a André:

— O que você sabe sobre o problema com Marcos?

Respondendo, André esclareceu a ele e a Mariana:

— Ontem fui chamado pelo delegado, que me informou ter surgido um fato novo quanto ao furto na casa de papai. Ele me disse que no dia seguinte interrogaria Marcos.

— Mas então o delegado tinha alguma pista que de alguma forma envolvia nosso irmão?

— Sim: Marcos comprou um carro novo e luxuoso, em outra cidade, e pagou à vista, em dinheiro...

Tadeu se calou por um instante, mas logo retomou, agora com manifesta reprovação a André:

— Então o delegado procura você, despreza os outros irmãos e ainda por cima acusa Marcos, e você fica quieto? Como é que permitiu tanta baboseira?

— Baboseira? Marcos pagou o carro à vista, em dinheiro vivo. Como surgiu a pista eu não sei, mas o delegado apurou no banco que Marcos há tempos não tem dinheiro nenhum...

— Ah, então agora temos um subdelegado no caso... Você?

Mariana interveio:

— O que é isso, Tadeu? Agora você se arvora em juiz e acusa André?

— Ninguém chamou você na conversa. Há tempos venho observando que vocês dois se entendem muito bem. E nos desprezam, a mim e ao Marcos.

— De maneira alguma. Você está enganado. Nem eu, nem André temos qualquer questão mal resolvida com você e Marcos.

André encerrou a discussão:

— Marcos está doente, sob pressão. Certamente esclarecerá como fez a compra do carro. No momento, temos que orar por ele.

— Não me venha com essa — atalhou Tadeu, descaridoso. — Temos mais é que nos solidarizar com ele, e não entrar nessa perlenga de ficar orando. Faça-me o favor.

— Jamais despreze a oração, Tadeu...

— O que é isso agora, Mariana? Você está me ameaçando? Já não chega o André e a mulher dele se fazerem de santinhos? Que é isso, Mariana?

— A prece é a maneira de a criatura se comunicar com o Criador, principalmente quando em estado de necessidade, como agora se encontra o Marcos. Junte-se a nós nessa abençoada ajuda a ele. Quando puder, ore pelo Marcos.

— Vocês dois me cansam. Passem bem.

Assim dizendo, Tadeu afastou-se sem sequer cumprimentar André ou ao menos dar um suave beijo na face da irmã, como era costume entre os irmãos.

No dia seguinte, André e Mariana visitaram Marcos, que lhes disse:

— Tadeu esteve aqui ontem à tarde e me contou que André anda de mãos dadas com o delegado.

André ia dizer algo, mas o irmão cortou-o:

— Não quero ouvir uma palavra sua, seu traidor bobão. Suma já daqui ou vou chamar os enfermeiros para retirá-lo da minha presença. E faça-me um favor: nunca mais me apareça. Nunca mais!

Mariana tentou acalmá-lo, mas também foi ofendida:

— Vá embora, sua traíra, vá com ele. Sumam daqui!

## 7. Nada se oculta para sempre

Dois dias depois, o delegado, com autorização dos médicos que atendiam Marcos, visitou-o e, acomodados e a sós em um pequeno jardim no terreno do hospital, conversaram. Campos falou:

— Marcos, vejo que você não está bem ainda e por isso quero lhe dizer que tenho a maior consideração por você e sua família. Talvez vocês não saibam, mas o comendador ajudou-me numa fase difícil da minha vida... Deus o tenha!

— Em que ele ajudou o senhor?

— Eu tinha uma dívida de jogo... Mas, graças a Deus, certa vez eu resolvi um caso de roubo a mão armada num dos supermercados do seu pai. Identificamos o ladrão, mas o comendador pediu que não o prendesse, pois ele o conhecia e sabia que ele estava sem dinheiro para comprar mantimentos. Inclusive nem prestou queixa.

— É... Meu pai tinha dessas bobeiras. Imagina, não prender o ladrão...

— Alguns dias depois eu estava no banco negociando com o gerente da minha conta um empréstimo para pagar minha dívida de jogo e seu pai também estava lá, perguntando-me se estava tudo bem. Respondi que sim, mas ele notou alguma coisa em mim e sem mais nem menos ofereceu: "Se você está com dificuldades financeiras, talvez eu possa ajudá-lo. Vamos lá, diga-me o que está fazendo aqui". Respondi que ele não precisava se incomodar e que eu já tinha resolvido meu problema. Foi quando o gerente que me atendia tomou a palavra e disse: "Desculpe-me, comendador, mas o doutor Campos está negociando um empréstimo com o banco e falta apenas ele nos apresentar um fiador". Seu pai disse simplesmente: "Não falta mais, se eu servir". O resto não preciso contar. Seu pai foi o fiador e eu consegui assim pagar a dívida. Como lição para o resto da vida, nunca mais joguei um centavo em nada. Não compro nem bilhete de loteria, nem de sena, nem as multiplicadas rifas que algumas entidades assistenciais oferecem. Nunca mais joguei nada, e essa foi a melhor decisão da minha vida.

— Pois é, doutor Campos. Ele ajudou o senhor e sei que outros mais, mas os filhos...

— Não tenho nada com a vida familiar de vocês, mas sei que seu pai lhes repassou valiosa quantia quando ficou viúvo. E não faz tanto tempo assim.

Marcos não teve como responder. Campos aproveitou o clima e perguntou:

— Não sou juiz nem o estou repreendendo, no entanto, sei que você também joga. Como policial, preciso esclarecer a queixa que seu pai prestou sobre o furto na mansão dele. O juiz doutor Castanho, também amigo de seu pai, até mais que eu, chamou-me em particular e sugeriu três semanas para esclarecer ou encerrar o caso do furto. Lembrou que logo terminará o prazo para instauração do inventário, que depende tão somente disso para ser realizada a partilha.

A seguir, aproveitando que a conversa se desenrolava com relativa calma, Campos tocou no ponto essencial da investigação:

— E é com a lembrança no seu pai que peço que você me diga com sinceridade como conseguiu o dinheiro para comprar o carro.

Marcos não se deixou pegar desprevenido. Tivera tempo para pensar e respondeu, tranquilo:

— Como o senhor mesmo disse, tenho bens de herança.

Mas Campos, tarimbado em interrogatórios, tinha um arsenal de perguntas objetivas. Disparou:

— Se você tinha esse dinheiro todo para pagar o carro à vista, só me diga de onde você tirou o dinheiro com o qual pagou o carro.

— Aí o senhor já está entrando em minha intimidade...

— Ao contrário, estou investigando um caso de furto e é minha obrigação apurar qualquer fato ou informação que se relacione com ele.

— Mas o senhor já me inquiriu antes e viu que nada tenho a esconder.

— Muito bem, então me responda de onde você retirou o dinheiro para a compra do carro, eu vou conferir e encerramos aqui este interrogatório.

— Mas, e se eu tinha esse dinheiro guardado em casa?

— Aí vamos conversar com sua esposa, dona Judite, para confirmarmos, pois, segundo o que ela me disse, há muito tempo você não tem mais dinheiro nem para ajudar nas despesas da família, que vem se sustentando com o salário dela, de professora.

Quando o assunto se dirigiu para a família, Marcos se descontrolou:

— O senhor já fez estas mesmas perguntas para meus outros irmãos?

— Não poderia, pois nenhum deles comprou um carro luxuoso à vista bem depois do furto.

— Agora o senhor está me acusando de ser o ladrão?

— De forma alguma; aliás, estou lhe dando todas as chances de se explicar.

Campos captou que era hora de dar um provável xeque-mate:

— Se não quiser, não me responda mais nada. Até aqui eu disse que esta investigação transitava na informalidade. Mas, sem suas respostas, vamos abrir oficialmente o caso. Doutor Castanho e eu pensamos por igual: resguardar a memória do comendador e da família, mas não tergiversar em relação à verdade sobre o furto.

Marcos sentiu-se inapelavelmente encurralado. Uma investigação oficial mostraria mesmo que ele estava falido e que em nenhuma fonte financeira poderia ter tido acesso ao dinheiro da compra do carro.

Balbuciou:

— Se eu... contar o que sei, o que pode me acontecer?

— Já disse que estou lhe dando a oportunidade de esclarecer os fatos. Sem você me contar o que sabe, como prognosticar algo?

— Na hipótese de eu confessar, quero dizer, contar o que sei, o que o senhor vai fazer?

— Em primeiro lugar, convocar seus irmãos e o doutor Castanho, para que saibam o que você vai contar. Penso que, se tudo for esclarecido e ninguém tiver prejuízo, talvez esse furto possa ser desqualificado.

— Como assim?

— Simples: com tudo o que estava dentro do cofre voltando para a mansão, junto com os quadros e as peças ornamentais de valor. E não adianta tentar esconder algo, pois seu pai me disse exatamente o que havia no cofre, e descreveu quais foram os quadros e demais itens furtados.

— Mas e o furto propriamente dito? E os ladrões? Serão presos?

Agora Campos, de caso pensado, deu o precioso xeque-mate (em termos de xadrez, todos os xeques-mate são preciosos...):

— Não haverá ladrões.

— Mas...

— Preste bem atenção: se for da família quem tirou o conteúdo do cofre, os quadros e tudo o que foi levado, o motivo bem que pode ter sido para evitar, justamente... um furto!

— Não estou entendendo...

— Digamos, por exemplo, que tenha sido um familiar quem retirou as coisas do cofre e o que mais foi furtado. Essa pessoa bem que poderia estar pensando em impedir que, na ausência do comendador, a mansão ficasse vulnerável, e daí resolveu retirar os bens de lá e guardá-los em lugar seguro, aguardando o retorno dele.

Marcos, que suava em bicas, respirou aliviado. Arrependido de não ter sido prudente na compra do carro, que pagara à vista, e ante a perspectiva de o delegado tornar oficial o furto, e ele ser preso, resolveu confessar, ou melhor, "contar":

— Sim, doutor Campos. Fui eu que levei as coisas do cofre para um lugar seguro...

Campos viu que Marcos entendera sua "proposição" de como resolver o furto sem prendê-lo:

— Muito bem. Você tem quarenta e oito horas para repor tudo o que tirou da casa. Se não tiver todo o dinheiro, pois comprou o carro, diga isso para seus irmãos e veremos a solução que vocês encontrarão. Combinado?

— Confio no senhor. Vou fazer o que me aconselhou.

— Não, Marcos, eu não o aconselhei. Apenas expus uma probabilidade que você, aparentemente, confirmou. Mas falta um dado principal para esclarecer o furto, quer dizer, a ocorrência. — O delegado, de caso pensado, substituíra o termo *furto* por *ocorrência*.

— Já disse que fui eu. O que mais falta?

— Você me contar quem foi seu companheiro no ato.

Marcos quase surtou. Desconhecia que o guarda noturno da mansão tivesse contado ao delegado que haviam sido dois os larápios que tinham praticado o furto. Ficou lívido e voltou a suar em abundância. Sentiu-se fortemente acuado. Não adiantava tentar mentir. Assim, vendo que não tinha mais escolha, informou, tremendo:

— Meu irmão...

O delegado, agora ele, levou um susto. Perguntou:

— Qual irmão?

— Tadeu. Ele ficou com os quadros, os objetos decorativos e a metade do dinheiro.

Campos raciocinou rápido:

— Se os médicos autorizarem, você e eu iremos agora mesmo conversar com ele. Nada diremos aos outros irmãos, André e Mariana, antes de concluirmos esta investigação.

Obtida a autorização, o delegado e Marcos dirigiram-se à cidade na qual Tadeu residia. Na viagem, curta, aliás, posto que não fosse longe, não trocaram palavra. Quando chegaram ao escritório de Tadeu, ele atendia um cliente. Campos solicitou à recepcionista que não divulgasse a presença dele e de Marcos, porque iriam fazer uma surpresa.

Quando terminou a reunião com o cliente, Tadeu abriu a porta para se despedir dele. Deu de cara com o irmão e o delegado na sala de espera. Perspicaz, em um segundo compreendeu o motivo daquela visita. Notou, também de pronto, que Marcos tremia e suava muito.

Disfarçou:

— Ora, ora, a que devo a honra de o doutor Campos vir até aqui?

— Bom dia, doutor Tadeu. Preferimos conversar em privado.

— Pois não. Por favor, entrem.

Acomodados, frente a frente, sem Marcos nada dizer, Tadeu dirigiu-se a ele:

— E aí, Marcos, o que veio fazer aqui? Ou foi o delegado que o trouxe?

— Não adianta esconder mais nada, Tadeu. O doutor Campos já sabe de tudo. Contei a ele que fomos nós dois que fomos lá à casa de papai e pegamos as coisas de valor.

Tadeu empalideceu e perdeu a pose. Mas arriscou:

— Você está louco? Eu não roubei nada.

Tadeu se traiu, usando o verbo *roubar*.

Campos foi taxativo:

— Já sei tudo sobre o furto, isto é, sobre a retirada dos bens da casa do seu pai. Como filhos, vocês dois tiveram o cuidado de evitar que aqueles itens fossem roubados e por isso os levaram para a casa de vocês.

Tadeu tentou replicar:

— Há provas de que fomos nós dois?

— Muitas. Mas, caso você esteja duvidando, o que até agora pode ser considerado caso de cuidados familiares com bens de pai hospitalizado pode ser transformado em inquérito policial.

— Que provas existem?

Marcos respondeu:

— Contei que repartimos o dinheiro e você ficou com os quadros e os objetos valiosos para vendê-los, e que então dividiríamos também o que fosse apurado na venda deles.

— Mas como é que a polícia pode provar que eu estou com os quadros e os objetos?

Campos arriscou um palpite:

— Por enquanto, só pelo depoimento do seu irmão. Mas, se você não contar agora mesmo a verdade, daqui irei visitar seu companheiro e penso que ele poderá nos ajudar...

O delegado, experiente nas tratativas com suspeitos, acertara em cheio. Na verdade blefara, pois não conhecia nem tinha o endereço do companheiro de Tadeu. Com sua experiência policial, porém, sabia que, sem dificuldades, conseguiria o endereço. Por exemplo: se interrogasse a secretária de Tadeu, ela certamente o revelaria (é de todos sabido que secretárias sabem muito mais do que deveriam saber...).

Mas os quadros e os objetos, de fato, estavam guardados com o companheiro de Tadeu, que os escondera com ele.

Vendo que não mais tinha como ocultar, Tadeu desmoronou:

— Marcos tem razão: fomos lá para proteger os bens de papai.

O delegado foi enérgico:

— Até agora não perguntei a nenhum de vocês dois onde "guardaram" os bens que tiraram da mansão paterna. Quero tudo devolvido até amanhã. E não se atrevam a mentir, pois sei quanto havia de dinheiro no cofre e quais são os quadros e objetos que pegaram. Seu pai me contou antes de morrer.

Novamente, Campos blefara. Acrescentou:

— Sei também quais são os outros documentos que estavam no cofre. Seu pai me contou isso também. Está tudo relacionado na delegacia.

— Olhou Tadeu fixamente e perguntou:

— Quem abriu o cofre para vocês?

Marcos apressou-se a responder:

— Foi ele. Não sei como, mas sabia o segredo. Foi ele!

Tadeu empalideceu e, nervoso, esclareceu:

— Sim, fui eu. Cerca de uma semana antes de mamãe morrer, eu pedi a ela um empréstimo para comprar um apartamento e o escritório de advocacia, pois pretendia não mais residir lá. Não pedi a papai, pois sabia perfeitamente que jamais ele me ajudaria. Nesse dia, mamãe estava doente, com febre.

— Alguém estava presente quando você fez esse pedido?

— Ninguém. Antes, eu solicitei à enfermeira que assistia mamãe para nos deixar a sós por alguns minutos, dizendo que a chamaria quando fosse me retirar. Foi quando expus meu plano de me mudar e expliquei a ela que quando eu pudesse devolveria o empréstimo.

— Por favor, responda-me: como abriu o cofre?

— Como sempre bondosa, mamãe atendeu-me e, impossibilitada de sair do leito, deu-me o segredo do cofre, estipulando quanto eu deveria retirar. E foi o que fiz. Depois, memorizei a senha.

Campos alertou, ainda:

— Aguardo ambos na delegacia amanhã, mais ou menos na hora do almoço, com tudo. De lá iremos até a casa do seu pai e vocês dois vão colocar nos respectivos lugares o dinheiro, documentos, objetos e quadros. Do contrário, abrirei oficialmente o caso, e pretendo ter uma entrevista com o doutor Castanho, pois ele tem informações importantes sobre o testamento do seu pai.

Acrescentou:

— Só após os bens serem devolvidos é que chamaremos seus irmãos e vocês contarão a eles o que fizeram.

Marcos informou ao delegado que permaneceria por algum tempo com Tadeu. Campos retornou só.

Marcos e Tadeu, assim que ficaram sozinhos, travaram áspero diálogo.

Tadeu começou:

— Você é mesmo um traíra, um panaca. Traíra... Você me paga. Como é que foi contar para o delegado? Viu só o que me aprontou?

— Quem está falando... Não se esqueça de que a ideia de pegar aquilo tudo foi sua. Aliás, só me diga uma coisinha: de quanto foi o tal empréstimo da mamãe?

— Duzentos mil reais.

— Então você está nos devendo essa quantia, que, se não fosse dada a você, faria parte da herança materna.

— Impressionante como você raciocina depressa quando se trata de dinheiro no seu bolso... Idiota, já não bebeu o bastante?

— Idiota é você. O delegado quer o dinheiro amanhã no cofre. E eu já gastei um pouco. Será que você pode me emprestar para completar e, quando for feita a partilha, eu devolvo?

— De jeito nenhum, seu palerma. Esqueceu que nós teremos dinheiro com a partilha do espólio de papai? Como havia dinheiro no cofre, esse dinheiro agora é dos filhos. O que você gastou será descontado da sua parte. Simples assim.

— Quem não concorda sou eu. Do jeito que você fala, todo mundo vai ficar sabendo que eu gastei um dinheiro que ainda não era meu. Ou você me empresta exatamente esses duzentos mil reais ou...

— Cala a boca. Não me faça ameaças. Eu sou o único que pode ajudá-lo e você se atreve a me ameaçar?

— Não estou fazendo ameaças. É a verdade. Quem teve a ideia do furto foi você. Quem abriu o cofre foi você. Quem me deu metade do dinheiro que estava lá foi você. O carro que usamos para ir lá de madrugada foi o seu. Quem ficou com os quadros e os objetos...

— Se você disser mais uma palavra...

— Tudo certo. Você me empresta o dinheiro que falta e assim que nós recebermos nossa parte no espólio do papai eu te pago.

Muito a contragosto, Tadeu aquiesceu. Porém, exigiu:

— Vou arrumar o dinheiro que você gastou. Com uma condição: que você não conte para o André nem para a Mariana sobre esse empréstimo de duzentos mil que lhe farei. Esqueça que isso aconteceu. E jamais toque nesse assunto comigo. É pegar ou largar. E então?

— Está bem, vamos fazer assim.

Tadeu perguntou:

— Onde está a parte do dinheiro que lhe dei?

— Num banco, como combinamos, guardada em um cofre particular meu.

No dia seguinte, assim que o banco onde tinha conta abriu, Tadeu explicou ao gerente que precisava com urgência de duzentos mil reais. Como era um cliente especial, foi atendido. No seu cofre particular, naquele mesmo banco, retirou o dinheiro que furtara e que ficara com ele; estava intacto. Dali foi à casa de seu companheiro e pegou os quadros e objetos que, de fato, estavam lá. Viajou, passando na casa de Marcos, e juntos compareceram à delegacia na luxuosa camioneta de Tadeu.

Campos os esperava. Cumprimentou-os e perguntou secamente:

— Tudo o que foi tirado está com vocês? Exatamente tudo?

Os irmãos apenas fizeram um gesto com a cabeça, confirmando.

O delegado comentou enérgico:

— Não vou contar o dinheiro nem inquirir sobre os outros itens, pois está tudo relacionado, segundo o próprio comendador me contou.

Sem tardanças e sem quaisquer palavras, dirigiram-se para a mansão dos Calvino. Chegando, Marcos e Tadeu deram ordens expressas a Hamilton para dispensar todos os empregados e só voltarem no dia seguinte.

Quando ficaram apenas eles na mansão, dirigiram-se ao andar superior e repuseram os quatro milhões de reais, além de uma grande quantidade de documentos comerciais dos negócios do pai; quanto aos quadros, foram afixados nos devidos lugares e os objetos decorativos também repostos onde sempre estiveram.

Campos julgou por bem reunir todos os irmãos naquele mesmo dia, por volta das dezesseis horas. Sem informar a Marcos ou Tadeu, convidaria o juiz dr. Castanho para estar presente, pois pretendia que ele testemunhasse suas providências, encerrando o caso do "furto", que sequer tinha sido instaurado.

Deixando a mansão, Campos telefonou para o juiz e solicitou um encontro com ele, dizendo que tinha notícias importantes sobre o ocorrido na casa dos Calvino. Dr. Castanho, de pronto, pediu ao delegado que viesse naquela mesma hora, pois estava disponível. Campos dirigiu-se ao escritório do juiz e, surpreendendo-o, abraçou-o fraternal e comovidamente. Ante a perplexidade daquele abraço, Campos declarou, eufórico:

— Já descobri quem realizou o furto na residência do comendador: foram dois filhos dele!

Ante maior perplexidade ainda do juiz, o delegado explicou em detalhes tudo o que apurara:

— Assim, doutor Castanho, peço, por favor, que o senhor opine sobre a versão de que não houve furto, e sim intempestivo e irregular cuidado de membros da família quanto à segurança dos bens que ali eram guardados.

O delegado e praticamente toda a cidade sabiam que há muitos anos o juiz era grande amigo do comendador.

Castanho ficou espantado com a audácia dos dois irmãos. Declarou:

— Parabéns, doutor Campos. O senhor não imagina como isso me tranquiliza, pois só quero o bem daquela família. Na verdade, sinto como se meus parentes fossem. A memória de Diogo, o melhor amigo em toda a minha vida, não merece mesmo essa nódoa na história dos Calvino em nossa cidade. Concordo com o desfecho que você engendrou.

À tarde, o delegado e o juiz foram à residência dos Calvino.

Grande foi a surpresa de André e Mariana quando chegaram à mansão e lá encontraram Marcos, Tadeu, Campos e Castanho.

Sem nenhum floreio, o delegado expôs para André e Mariana:

— O que pensamos ter sido um furto não aconteceu, e sim uma atitude impensada dos irmãos Marcos e Tadeu, que, por conta própria e em segredo, a título de evitar roubo dos bens do pai, resolveram retirá-los daqui e guardá-los em segurança, longe da mansão. Quando do inventário trariam tudo de volta.

O juiz complementou:

— Não há motivo para pensar diferente. Seu pai, quando elaborou o testamento, elegeu-me testamenteiro universal. Assim, como inventariante, iniciarei sem demora o inventário referente ao espólio dele. Não vai demorar, pois Diogo relacionou todos os bens, onde e como estão, e qual o destino que quis dar a eles, anexando essa informação ao testamento que lavrou no cartório; trata-se de testamento cerrado, ou seja, sigiloso.

Mariana e André não disseram palavra, mas mostraram-se perplexos com o que tinham ouvido. Ambos, não demorando muito para pensar, captaram que aquele havia sido um arranjo do delegado e do juiz para justificar o que, na verdade, tinha sido um crime.

Muitos dias já haviam se passado da morte do pai, e nem Marcos nem Tadeu tinham contado o que fizeram. De forma explícita, entenderam que o que haviam ouvido era um arranjo das autoridades visando manter a honra da família dos Calvino e, mais que tudo, o prestígio e a história do pai.

De boa paz, mas intensamente desgostosos com os irmãos, André e a irmã pediram alguns detalhes ao delegado, mas o juiz interferiu:

— Como vocês sabem, Diogo era meu melhor amigo. As providências do doutor Campos foram discretas; ninguém participou da sindicância, e, se não houver contestações, isso coloca uma pedra de cal neste assunto. Caso não concordem com o que lhes foi dito, teremos que abrir um processo judicial, com as gravosas consequências decorrentes.

André, tomando a dianteira sobre Mariana, respondeu:

— Agradecemos de coração e em nome da memória de papai o que os senhores nos contaram. Estou triste pelo comportamento dos meus irmãos, mas contente pela memória de papai estar resguardada. Por mim, o caso fica encerrado.

Mariana também admitiu:

— Agradeço e penso o mesmo que André. Lamento profundamente a atitude de Marcos e Tadeu.

## 8. O testamento

Procedidas as providências jurídicas preliminares — inventário concluído e devidamente registrado em cartório —, o doutor Castanho, testamenteiro universal e inventariante do espólio de Diogo, convocou os herdeiros para a abertura do testamento.

Visando rapidez no processo, o juiz marcou data e hora para que os filhos de Diogo comparecessem ao cartório onde Diogo havia registrado seu testamento, para conhecerem tanto o inventário como o próprio testamento.

Os irmãos ficaram surpresos quando souberam que o juiz, tão amigo de Diogo, fora nomeado como testamenteiro e inventariante, sem que isso sequer fosse comentado com os filhos.

Castanho julgou por bem informar aos herdeiros, antes da leitura do testamento:

— Não houve a menor dificuldade para elaborar o inventário, posto que Diogo, ele próprio, relacionou todos os bens dele.

Marcos, sempre petulante, interrogou:

— E quando é que nós poderemos conferir esses bens que foram relacionados por papai?

— Quando, segundo a lei, chegar a hora...

— E quando será isso?

— Dentro de minutos.

Realizar essa importantíssima reunião em cartório atendia à sugestão do dr. Castanho, com base em recente lei chamada Lei do Cartório, para facilitar o andamento tanto do inventário quanto da partilha.

Do contrário, a experiência mostra que esses procedimentos podem demandar meses e até anos para se chegar a um acordo entre os herdeiros...

Na presença do chefe do cartório e do dr. Castanho, os herdeiros ficaram conhecendo o testamenteiro dativo — o próprio dr. Castanho —, que, a seguir, à vista de todos, abriu o testamento.

Presentes Marcos, Tadeu, Mariana e André, além de quase todos os demais familiares, dr. Castanho iniciou a leitura do testamento de Diogo:

*Sob as bênçãos de Deus e com o pensamento na caridade tão bem exemplificada por Nosso Senhor Jesus Cristo, eu, Diogo Calvino, cristão confesso, registro aqui neste Cartório de Paz, na presença das duas testemunhas (foi lido o nome e dados pessoais delas), o destino que dei à fortuna que me coube, a natureza me concedeu* [3], *compreendida por todos os meus bens configurados na meação resultante da morte da minha amada esposa Anamaria Rodrigues Calvino.*

*Antes, algumas palavras aos meus filhos:*

*1. Como todos sabem, sempre amparei minha família, jamais deixando faltar algo a meus familiares, sempre os orientando no reto proceder e conseguindo que todos estudassem para dirigirem suas vidas e conquistarem, de moto próprio, as bênçãos que emanam do trabalho honesto.*

*2. Meu casamento com Anamaria se pautou pela comunhão universal de bens. Quando fiquei viúvo, cumpri com respeito a lei dos homens, mas principalmente a lei de Deus, sobre meus filhos, repassando-lhes por igual o que de direito lhes pertencia, como herdeiros legítimos, sem sequer intervir ou sugerir o que deveriam fazer com o que cada um recebeu.*

---

[3] Dizer que a natureza concede fortuna a alguém, como disse Diogo, é algo que não resiste à menor análise de bom senso e mesmo transcende ao maior dos erros de juízo de valor que uma criatura humana possa emitir. Na realidade, a fortuna é poderosa ferramenta colocada pelas leis divinas nas mãos de alguém, não para conceder-lhe os prazeres do mundo, mas, sim, empregá-la em benefício da sociedade. Independente dessa crença, lógica e plausível, é que não se tem notícia de alguém, ou melhor, jamais um rico ou pobre levou para o outro mundo algo do que aqui possuía, muito ou pouco, respectivamente.

*3. Assim, é sob o mesmo amparo legal, da Terra e do Céu, que decidi empregar meus bens, constituídos da parte que me coube como meeiro quando enviuvei, em benefício de seres vivos e carentes, mas não só destinado a famílias pobres, e sim aos jovens da nossa cidade. Lembro aqui que tive muita sorte quando empreguei metade da meação em ações de aciaria, que em menos de um ano decuplicaram de valor.*

*4. Para tanto decidi criar uma Fundação, com faculdade que lhes proporcionasse aprendizado profissional e, paralelamente, atendesse outros filhos de Deus, doentes ou abandonados.*

*5. Deixando meus filhos com garantia financeira e com recursos para minha subsistência, foi com amparo da lei que fiz doação da minha meação para a Fundação Calvino, cujo processo legal já está consolidado perante os respectivos órgãos públicos.*

Marcos e Tadeu enrijeceram-se. Não acreditavam no que tinham ouvido.

— Ladrão! Ladrão! — bradou Marcos, insuportavelmente raivoso.

— Papai não pode fazer isso, ou melhor, não podia, não tem amparo legal — acrescentou Tadeu, em tom não menos revoltado.

Dr. Castanho interrompeu a leitura. Manteve-se controlado, atitude profissional advinda dos multiplicados anos ajuizando processos, nos quais, não raro, surgem mesmo rompantes das pessoas alvo de algum processo jurídico. Em voz baixa advertiu:

— Marcos e Tadeu: só em respeito à memória do seu pai é que não os expulso deste ambiente oficial, prendendo-os por desrespeito à autoridade... Outra atitude semelhante a esta, e vocês não mais ficarão aqui.

Mordendo os lábios e substituindo instantaneamente a reação impetuosa, violenta, e o sentimento de fúria, Marcos balbuciou mansamente:

— Perdão.

Tadeu também se desculpou.

Dr. Castanho apenas ignorou isso e prosseguiu:

*6. A ata da criação da Fundação Calvino, com a minha indicação dos nomes para comporem a primeira diretoria, também está anexada a este testamento. Lembro apenas que, após a inauguração daquela Fundação, a cada três anos, deverá ser feita eleição para nova diretoria da referida Fundação, podendo votar os cidadãos que quiserem e que estejam em dia com suas obrigações legais. Só poderá haver reeleição uma vez, para qualquer cargo, exceto o de presidente, para mim e o dr. Carlos Ferreira Castanho, atual vice-presidente, meu eventual substituto, enquanto estivermos no desempenho dessa presidência.*

*7. Já transferi para a Fundação Calvino o acervo dos meus bens, só apondo cláusula pétrea no respectivo estatuto, já também devidamente registrado, garantindo-me presidente da minha Fundação enquanto estiver com qualidade de vida nos anos que me restam e que imagino serão poucos. Se por qualquer motivo vier a desistir da presidência, serei mantido permanentemente pela citada Fundação. E, nesse caso, com os mesmos direitos, assumirá o dr. Carlos Ferreira Castanho.*

*Consta ainda do referido estatuto, igualmente em cláusula pétrea, que o meritíssimo senhor juiz federal, já aposentado, dr. Carlos Ferreira Castanho será o vice-presidente até seu último dia de vida, ou quando de livre vontade quiser deixar tal cargo. Assim, se Deus me convocar primeiro para deixar este mundo, dr. Carlos Castanho assumirá a presidência, que será exercida por ele até quando quiser, e espero que até seu último dia de vida.*

*8. Para facilitar as ações decorrentes da minha morte, quanto ao meu espólio, designo o referido juiz dr. Carlos Castanho como meu testamenteiro universal e inventariante* dativo. Eu próprio já relacionei todos os meus bens, conforme relatório detalhado anexo a este testamento.

9. Por precaução solicitei à diretoria da Fundação Calvino que trimestralmente eu seja examinado de saúde, física e mental, cujos relatórios, a partir deste testamento, também deverão ser anexados ao mesmo, em Cartório.

10. Enquanto eu estiver vivo, a mansão que por tantos e tantos anos abrigou minha família permanece como minha residência, meu endereço e meu lar. Mas é meu desejo que desde já seja transformada em sede da Fundação Calvino e que sempre o seja. Aqui, lembro que quando enviuvei passei a ser dono plenipotenciário da mansão onde vivi, isto é, citado imóvel passou a ser integralmente meu, como parte da meação legal.

11. Finalmente informo aos meus filhos, certamente aqui presentes, que a família Calvino tem mais um membro, além dos conhecidos.

Agora foi Tadeu que não se conteve:
— Impossível! Impossível!
Doutor Castanho interferiu novamente:
— Doutor Tadeu: não interrompa a leitura com sua opinião antes de a palavra ser dada a todos, um por um.
Tadeu recolheu-se.
O testamenteiro prosseguiu:
— Vou reler o início do item 11:

[...] *Finalmente informo aos meus filhos, certamente aqui presentes, que a família Calvino tem mais um membro, além dos conhecidos. Esse outro membro mandado por Deus é Diego dos Santos Calvino, nascido quase dois anos após minha viuvez, filho biológico da senhorita Helena dos Santos. O nome do pai será oportunamente revelado, por ele próprio. Quanto à mãe de Diego, é filha de Hamilton Santos, meu atual gerente-caseiro.*

*Há mais ou menos um ano fui procurado por Hamilton, que me contou que a filha dera à luz uma criança do sexo masculino, fruto de um breve relacionamento com o pai dessa criança, o qual, sendo casado, por isso negou-se a assumir a paternidade.*

Judite, Mariana e Cristina, intensamente nervosas, entreolharam-se, confusas. O juiz captou o espanto delas e amigavelmente sugeriu que se acalmassem, pois tudo se esclareceria.

Educadas, as mulheres nada disseram, conquanto em seus corações a dúvida abrisse fendas de difícil fecho.

Castanho prosseguiu:

*Hamilton procurou-me porque a criança precisava de tratamento médico especializado, caríssimo. Que eu lhe emprestasse o dinheiro necessário, e ele e a filha me pagariam quando pudessem. Banquei o tratamento e com a graça de Deus o menino ficou curado. Não aceitei reposição do que gastei. Acompanhando o tratamento médico dessa criança, apeguei-me muito a ela. Foi quando Hamilton me contou, constrangido, que o pai da criança era da família Calvino, sem dizer quem era o pai, pois a filha não revelou e o fez jurar que jamais contaria para alguém esse segredo, pois se o nome fosse revelado haveria escândalo social, o que ela veementemente queria evitar.*

*Decidi então conversar com Helena, e ela me disse em segredo o nome do pai de Diego. Chamei esse meu parente e combinei com ele que, dependendo da vontade de Deus, se eu morresse dentro de cinco anos, ele revelaria ser o pai de Diego, assumindo todos os deveres legais respectivos. E, se quisesse, antes disso, se surgisse oportunidade.*

*Anotei todos os detalhes num envelope, que lacrei e entreguei-o ao meu amigo, o dr. Carlos Castanho, juntamente com exames de DNA comprobatórios. Dr. Castanho só abrirá esse envelope dentro de cinco anos, a contar da data que assinalei, ou antes, se o pai de Diego resolver esclarecer o que aqui narrei.*

*A convite de Helena, apadrinhei Diego, a quem amo de coração, fazendo preces a Deus para que surja uma oportunidade dessa revelação, atendendo o futuro dessa criança. Essa informação de paternidade estou registrando-a às vésperas do meu octogésimo aniversário.*

Marcos, intempestivamente, levantou-se e de punhos fechados vociferou:

— Eu mato esse sem-vergonha de pancada!

O juiz advertiu-o:

— Retrate-se imediatamente dessa ignorante atitude ou deixe esta reunião.

Marcos, ansioso pela conclusão daquela leitura, para ele tão ingrata, bancou o humilde:

— Está bem. Retiro o que disse. Foi uma ideia mesmo ignorante.

Doutor Castanho continuou:

*12. Dou de presente ao senhor Hamilton Santos, meu atual gerente-caseiro, a casa em que ele há tantos anos mora. E, se ele quiser, também meus três gatos, pois depois de mim é dele que esses meus irmãos menores mais gostam. Falando dos meus gatos, lembro-me dos animais que a Fundação Calvino vai salvar. Sugiro que sejam ofertados para doação responsável, por exemplo, sendo delicadamente expostos no último domingo de cada mês, nos pátios de estacionamento dos três supermercados que são o sustentáculo financeiro da minha Fundação.*

*13. Como último presente aos meus filhos, deixo a cada um a quantia de um milhão de reais, que entregarei com amor paterno no dia em que completar oitenta anos. Se eu morrer antes, cada filho receberá referida quantia, dela podendo dispor como quiser. Quanto a Diego, nosso parente, já fiz depósito na conta bancária da mãe dele da importância de duzentos mil reais, para ajudá-la na criação dessa amada criança.*

Marcos resmungou:
— Não acredito... Só isso para nós, seus filhos?
Tadeu reverberou a decepção do irmão:
— Safadeza... Safadeza...
Castanho inquiriu aos dois:
— Por favor, repitam em voz alta o que acabaram de resmungar.
Os irmãos, acovardados, pediram desculpas e disseram que nada tinham dito sobre o que haviam acabado de ouvir, apenas tinham feito um comentário sobre outra coisa...
O testamenteiro, então, concluiu a leitura:

*14. Finalizando, conclamo meus filhos a que se amem e que sejam unidos, em qualquer situação das suas vidas. Se o Todo-Poderoso permitir, de onde eu estiver — e espero estar com minha amada Anamaria —, estaremos abençoando a todos vocês e seus familiares.*

A seguir, dr. Castanho perguntou a todos os presentes se havia alguma manifestação da parte deles sobre os dispositivos testamentais.
De comum acordo, os irmãos haviam decidido que não fariam ressalvas, visando não retardar a partilha.
Para destravar um quesito que muito vinha incomodando-o, bem como aos demais convidados da malograda comemoração do aniversário do comendador, o juiz anunciou:

— Procederei em três dias ao sorteio do carro ofertado como brinde pelo comendador quando completou oitenta anos.

Tadeu, inconformado, se segurou para não explodir. Controlou-se e, como se estivesse em um tribunal, inquiriu ao juiz:

— Vossa Excelência pode nos informar qual é a sua autoridade para decidir sobre um bem do meu pai, que, salvo melhor juízo e com todo o respeito, agora é dos filhos?

— Perfeitamente, doutor Tadeu. Referido veículo, caso ainda não saiba, não era do seu pai, e sim da Fundação Calvino, conforme certificado de propriedade. Isso posto, a autoridade que decidiu pela execução do sorteio em três dias é a conferida pelo presidente daquela Fundação, que Vossa Senhoria e os demais presentes acabaram de conhecer.

Tadeu engoliu a "sentença", tão legalmente estribada...

Marcos, como sempre grosseiro, perguntou:

— Quando receberemos a miséria que papai nos deixou?

Castanho fulminou-o:

— Não tenha pressa. Pouco lhe servirá se antes não se matricular num curso de educação, bons modos e respeito.

André pediu licença e perguntou:

— Doutor Castanho: em meu nome e no de todos os Calvino, agradecemos o cuidado e carinho do senhor com as coisas de papai. Por favor, qual é a decisão do senhor quanto aos empregados desta mansão, agora transformada em sede da Fundação Calvino?

— Em memória do seu pai, que sempre habitará minha alma, os empregados, se quiserem, permanecerão em seus postos. Todos.

E agora, dirigindo-se aos demais:

— Vamos agora mesmo entregar o presente paterno a cada filho...

Marcos e Tadeu ficaram tensos, não vendo a hora de pôr a mão no presente deixado pelo pai. Mas decepcionaram-se quando o juiz informou:

— Seria uma imperdoável imprudência entregar tanto dinheiro na mão de vocês. Por isso convoquei um carro-forte para levar o presente até o banco de cada um, onde será depositado por um funcionário do cartório, que está nos esperando do lado de fora, com a polícia.

— Polícia? Para quê? — resmungou Marcos.

— Nunca se sabe... Ladrões estão sempre à espreita.

E acrescentou com bastante energia e autoridade:

— A partir de agora, por favor, quando por algum motivo quiserem visitar a mansão na qual moraram, agendem antes com a Fundação Calvino.

Mariana, constrangida a mais não poder, perguntou ao juiz:

— Doutor Castanho, eu, Judite e Cristina estamos muito abaladas com essa questão de um dos Calvino ser o pai da criança. Será que o senhor não poderia nos revelar esse segredo, pois, do contrário, como é que poderemos conviver com nossos maridos, sequer olhar para eles?

Castanho estava preparado para essa pergunta, inevitável mesmo, da parte das mulheres de Marcos, Francisco e André. Respondeu, calmo:

— Posso assegurar-lhes, respeitando a vontade de Diogo, que, quando isso for esclarecido, restará provado que não havia motivo para nenhuma preocupação... Estejam na paz de Deus.

Dito assim com bondade e segurança, as três, conquanto ainda algo apreensivas, perceberam que dr. Castanho sabia o segredo, com o que suas palavras as tranquilizaram.

De forma indireta, os maridos *estavam salvos,* absolvidos pelo juiz...

Antes de se retirarem, Marcos e Tadeu nem olharam para os irmãos e seus familiares. Tadeu mostrou bem o que lhe ia à alma, pois, nem bem acabara de ouvir as palavras finais do testamento do pai, conclamando aos filhos se amarem e permanecerem unidos, e deliberadamente demonstrou desprezá-los.

Interpelou Marcos:

— Acho bom me repassar agorinha mesmo meus duzentos mil reais.

— Você está maluco? Com tanta gente olhando? Agora não é hora para isso. Tem muita gente por perto. Vamos fazer os depósitos no banco e amanhã nós resolveremos isso.

— Muito bem. Deposite na minha conta o que lhe emprestei.

— Ok.

Quando transpuseram a porta de saída do cartório, foram surpreendidos ao verem Antônio com uma criança de mais ou menos um ano, acompanhados da filha de Hamilton.

Sim. Por feliz "coincidência", Antônio, divorciado, decidira assumir a paternidade de Diego e procurara Helena, sendo recebido por ela com grande emoção, pois nunca deixara de amá-lo.

Amavam-se reciprocamente. Decidiram então ir até o cartório onde estavam os familiares e contar-lhes sobre seu amor e seu filho.

Assim, o segredo de meia hora atrás, que talvez demorasse uns quatro anos para ser revelado, veio à tona, sob comando do amor recíproco entre Antônio e Helena.

Desnecessário dizer da alegria das três mulheres... Aliviadíssimas!

Tadeu nem cumprimentou o casal e foi embora, revoltado demais.

Marcos, atônito, não teve condição de qualquer ação... Há poucos minutos ameaçara "matar" o sem-vergonha, que agora descobria ser seu filho. E estava bem ali, com Helena e Diego.

A criança sorriu para Marcos quando ele se aproximou para dizer poucas e boas a Antônio, contudo, interrompeu o programado ataque verbal ao filho, comovendo-se ao ver o neto.

Antônio deu um pequeno toque em Diego, que murmurou:

— Vô...

Marcos pegou a criança e beijou-a suavemente.

Judite caiu em copioso pranto e abraçou Helena.

Antônio disparou, desafiadoramente, para todos ouvirem:

— Se não puder mudar a certidão de nascimento do meu filho, ele continua comigo do mesmo jeito.

Não apenas os familiares se comoveram ao ver Antônio com Helena e Diego. O delegado, que estava ali a pedido do juiz para reforçar a escolta, sentiu um frio na alma e entendeu, só então, a súbita atitude de Helena quando em um domingo tão bonito tinham acabado de fazer um passeio de barco...

Lembrando-se das palavras de Diogo, lidas há pouco no testamento, todos festejaram e desejaram muitas felicidades ao casal.

Mesmo com a alegria que o neto lhe proporcionou, Marcos passou enérgico "sabão" em Antônio pela aventura quando casado.

Dois dias depois, não tendo recebido o dinheiro emprestado a Marcos, Tadeu procurou-o. Ao chegar à casa dele, notou que estava fechada. Sem ter outra solução, ligou para André e ficou sabendo que Marcos tinha bebido muito há dois dias, logo após a leitura do testamento — para comemorar ter conhecido outro neto —, e tivera fortíssima crise hepática, estando internado.

Tadeu, desrespeitando por inteiro o amor que deve unir irmãos, dirigiu-se na mesma hora ao hospital e forçou uma entrevista com Marcos, que a custo foi autorizada pelo médico de plantão àquela hora.

Marcos estava semidesperto, pois recebera potentes medicamentos para as dores. Vendo o irmão adentrar seu apartamento, estrilou:

— Tirem ele daqui! Tirem ele daqui!

Tadeu não se constrangeu e vociferou, rosto no rosto do irmão:

— Seu ladrãozinho vagabundo. Quero meus duzentos mil.

Marcos preparou-se para cuspir no irmão, mas Tadeu percebeu e afastou-se a tempo de não passar por essa estúpida agressão.

Entraram duas enfermeiras, ao ouvir os gritos de Marcos, e pediram a Tadeu que deixasse o apartamento.

Contrariadíssimo, Tadeu não teve alternativa senão obedecer. Mas em sua mente arquitetava inúmeros planos de reaver o seu dinheiro, roubado pelo irmão. Aguardaria que deixasse o hospital e então ajustaria contas com ele.

Uma semana depois, ligou para o hospital e ficou sabendo que Marcos tivera alta. Deslocou-se até a residência do irmão e, em lá chegando, foi recebido, ou melhor, não foi recebido; aliás, não passou do portão, já que Marcos, acompanhado de Tufão, o cão que o "perdoara" vendo-o debilitado, pronunciou entre os dentes:

— Se você me procurar outra vez, acabo com você. Saia daqui agora mesmo e nunca mais volte.

E acrescentou, sarcástico:

— Ladrão que rouba ladrão tem cem anos de perdão.

Tadeu compreendeu que dificilmente recuperaria o dinheiro que emprestara. Respirou fundo e retirou-se com calma, decidido a agir por todos os meios para ser ressarcido.

Ia dizer uma ofensa forte ao irmão, mas Tufão desencorajou-o, rangendo e mostrando seus potentíssimos caninos, já que talvez (quem pode negar?) o cão percebeu que estava diante de um inimigo do dono, a quem ele não admitiria jamais eventual atitude ofensiva.

Pensando em uma maneira de se vingar, Tadeu ignorou os conselhos maternos repetidos incontáveis vezes: "Vingança é sombra; perdão, luz; assim como as brisas da bondade apagam as chamas da maldade".

Sem problemas, o tal sorteio foi efetuado na sede da Fundação Calvino, e o ganhador, justamente alguém que estava com dificuldades financeiras, foi o contemplado. Chorou copiosamente ao ser sorteado, o que irritou ainda mais os pretendentes do veículo, isto é, os outros quarenta e nove desapontados.

Resultante de todo o sorteio, mágoa, frustração e desapontamento foram o que sobrou, corroendo dezenas de almas ambiciosas.

## 9. Herdeiros insaciáveis

André decidiu que empregaria o dinheiro recebido de presente em investimentos no terreno que recebera como parte da herança materna. Já estava na hora de aquela paisagem mudar...

Reunido com a esposa, Cristina, o filho Lucas e a nora Diana, além de Nelson, seu neto, recém nascido, resolveu, de comum acordo com a família, que sondaria alguma construtora para erguer naquela área uma residência praiana, espaçosa, contendo campinho de futebol e quadra poliesportiva. Junto da prefeitura, tentaria que fosse aberto acesso à área. Esse, aliás, era um sonho que acalentava há muito tempo.

Combinaram que dentro de alguns dias iriam à cidade onde se localizava o terreno para sondagens iniciais junto à prefeitura.

Desde que a mãe morrera, nunca mais André visitara referida área.

Um mês depois da morte do pai, e André ainda não havia voltado ao terreno praiano. Mas foi esse terreno praiano que, indiretamente, veio até ele. Recebeu a visita de um desconhecido em seu escritório contábil, que se apresentou:

— Sou Evelino Pedro dos Santos e vim aqui para oferecer ao senhor o meu terreno lá na praia, vizinho ao seu. Fui à prefeitura e me informaram seu endereço.

— Prazer, Evelino. Nossos terrenos em frente ao mar já estão cansados de esperar que sejam feitas construções neles...

— Pelo que apurei, o senhor ganhou esse terreno de herança, sendo primeiro de seu pai e há muitos anos seu. É isso?

André não quis detalhar. Foi direto:

— Mais ou menos. Mas, diga-me: qual é a sua oferta?

— Eu vou retornar ao meu estado, no Nordeste. Divorciei-me e não tenho mais vontade de continuar aqui, no Sudeste. Meu terreno é menor que o seu, mais ou menos a metade. O senhor está interessado?

— Para ser franco, isso não me passa pela cabeça. Meu terreno é grande e vai dar muita despesa para algum aproveitamento. Mesmo que eu construa uma casa lá, ainda vai sobrar muita terra.

— É isso mesmo que penso. Não é à toa que nossos terrenos estão lá há tanto tempo sem nenhuma melhoria.

Respirando fundo, Evelino contou o drama pelo qual passava:

— Meus filhos estão crescidos, não estão mais na cidade em que nasceram e foram criados; vivo praticamente sozinho na minha casa. Por isso vou embora. Se o senhor se interessar, faço um preço justo.

— Você já fez alguma investigação sobre o valor?

— Sim, já fiz. Entre algumas opiniões, falaram em trezentos mil reais. — Entristecido, completou: — Tenho algumas dívidas, pequenas. Mas não quero me mudar para tão longe devendo a ninguém. Também não tenho nenhuma intenção de utilizar o terreno. Aliás, nem teria como fazer isso. Daí que me pareceu que o certo é vender.

André penalizou-se daquele homem, que nunca vira. Decidiu:

— Evelino: não prometo nada, mas, por favor, me aguarde por uma ou duas semanas e volte. Vou fazer umas contas e, se Deus quiser, talvez possa ajudá-lo.

— Muito obrigado, senhor André. Bem me falaram lá na prefeitura que o senhor é um homem bom. Vou deixar-lhe meu telefone, no caso de o senhor resolver antes das duas semanas.

— Muito bem, vá com Deus. Passe bem.

— Amém, o senhor também fique com Deus.

Quando André expôs o acontecido a Cristina, surpreendentemente a esposa disse de pronto:

— Como nós ganhamos um milhão do seu pai, vamos sim ajudar esse homem. Compramos o terreno dele e ainda ficamos com setecentos mil reais. Parece um sinal... Não estávamos pensando em algo por lá?

E, assim, o terreno de André, que tinha duzentos metros de frente para o mar, passaria a ter trezentos.

A transação imobiliária entre os dois homens, André e Evelino, foi feita sem quaisquer problemas, pois a documentação estava em ordem. Aliás, a prefeitura sequer cobrava impostos deles.

Diz velho ditado popular: "Dinheiro atrai dinheiro", seguido deste outro: "Todos os rios correm para o mar, como o dinheiro sempre vai para o bolso dos ricos". O fato é que dois meses após aconteceu algo inesperado, quanto coincidente: André recebeu notificação oficial da prefeitura onde possuía agora dois terrenos solicitando seu comparecimento lá para tratar de assunto importantíssimo e urgente.

Sem sequer imaginar qual seria a agenda, no dia seguinte, junto com a esposa, dirigiram-se para a cidadezinha daquela agreste orla marítima, sendo recebidos pessoalmente pelo prefeito:

— Sou Aníbal Teixeira Mendes Soares da Silva. Prazer em conhecê-lo pessoalmente, "doutor" André Calvino e senhora Cristina. Agradeço o senhor ter aceitado meu humilde convite e ter vindo me visitar.

— Bom dia, senhor Aníbal, viemos assim que recebemos seu convite.

Bem diferente do prefeito, que usava os verbos no singular, dirigindo-se apenas a ele, André empregava os verbos no plural, demonstrando que a esposa fazia parte do que fosse decidido.

Cheio de mesuras, mostrando-se bastante gentil, o prefeito, ainda "no singular", disparou:

— Sei que a natureza o bafejou com a fortuna de nascer em lar tão especial como o do senhor seu pai, o comendador Diogo, cuja alma certamente está nos braços do Criador.

Essa era uma forma tática e eufêmica de preparar André para o que estava por vir... e que a seguir veio mesmo:

— Por isso, conquanto o senhor não tenha preocupações de qualquer ordem financeira, considerando a fortuna que a natureza lhe concedeu e à sua família, tenho o grande prazer de informá-lo, oficialmente, que seu terreno acaba de ser incluído de forma parcial num fabuloso projeto imobiliário.

Pela segunda vez, o prefeito dizia que a "natureza" fizera André rico.

André, prudente, nada disse. Aguardou que o prefeito completasse as informações, para só depois eventualmente fazer perguntas.

O prefeito prosseguiu:

— Fomos procurados por autoridades estaduais que nos participaram a aprovação de construção de uma rodovia estadual que passará distante uns quinhentos metros das praias, paralela a elas. Essa rodovia ligará a capital a algumas cidades praianas, todas de pouco ou nenhum desenvolvimento ainda.

O prefeito, com André apenas ouvindo, interpelou-o:

— O senhor pode avaliar o que isso significará para a minha cidade? E para várias outras cidadezinhas? E também em termos de turismo para os habitantes da capital?

Matreiramente aguardou qualquer manifestação de André.

Estando o convidado calado, o prefeito não se conteve e anunciou:

— A rodovia passará pelos fundos do seu terreno. Para tanto, será necessária doação de sua parte, condição essencial imposta pela assembleia de deputados do Estado, pois a construção da futura rodovia demandará altíssimos gastos. Eu também terei que doar expressivas áreas municipais para o Estado.

André estava ainda sem nada dizer.

— E então — perguntou o prefeito —, o que o senhor tem a me dizer?

— Que estamos felizes com esta notícia.

— Temos então outra notícia melhor para lhes dar...

André permanecia calado. Percebeu que o prefeito passara para o "plural":

— Nossa cidade solicitou e nossa egrégia Câmara de Vereadores atendeu à minha sugestão de simultaneamente à rodovia construirmos uma avenida na frente da praia, avenida essa bem larga e ajardinada, nos moldes do belo paisagismo praiano de Santos.

André e Cristina conheciam a cidade de Santos, no estado de São Paulo, e sempre tinham admirado o capricho municipal com os jardins em frente às praias, considerado o maior e mais bem cuidado jardim praiano do mundo[4].

Cristina atalhou:

— Ficamos felizes com seu propósito de ajardinar a avenida da praia, pois eu e meu marido adoramos flores. Se nos permite, somos dos que creem que, quando a Terra ficou pronta para inquilinos, Deus incumbiu artistas celestiais de a enfeitarem, projetando e cuidando das flores. Além dessa liberdade, o Criador deu-lhes apenas as tintas...

Aníbal, pegando carona no clima poético, filosofou:

— Concordo com a senhora, pois também penso que as flores são as belas, sorridentes e perfumadas damas de honra da natureza desde quando o Sol se casou com a Lua.

Sobre a avenida, André, deduzindo na hora, comentou:

— Imagino, senhor prefeito, que essa avenida também exigirá parte de nosso terreno?

---

[4] Na Orla de Santos, cidade que fica no litoral do estado de São Paulo, há lindos jardins que, somados, têm cerca de 219 mil metros quadrados de área. A extensão é de 5,4 quilômetros e largura entre 45 e 50 metros, contando com cerca de 900 canteiros, com várias espécies de flora do tipo perene, espalhados por cerca de 7 quilômetros de praias. É considerado o maior jardim de orla marítima do mundo pelo *Guinness Book of Records*.
Nas praias de Santos todos podem caminhar, praticar esportes, armar barracas de lazer para bate-papo, churrasco, muito Sol e calor. Nos jardins há uma ciclovia. (Nota de 2013, do Google, da Wikipédia, a enciclopédia livre da internet.)

— Sem dúvida, senhor André. Chamei-os aqui, pois já falei com outros donos de terras na nossa cidade em frente ao mar, e eles já concordaram em doar a parte devida à futura avenida.

Demonstrando emoção, o prefeito disparou:

— Só faltam o senhor e sua esposa concordarem com doações de pequena parte dos seus dois terrenos para eu comunicar às autoridades da capital que os projetos rodoviário e municipal podem ser legalmente aprovados, os quais inclusive já estão elaborados e devidamente licenciados pelos órgãos responsáveis pela fauna e flora.

André captou que, se não fizesse a doação, por certo o prefeito e talvez o Estado, conjuntamente, desapropriariam as partes necessárias aos projetos. Isso com certeza demandaria tempo inimaginável para ser resolvido nas diversas instâncias judiciárias.

O prefeito, desnecessariamente, pensou em dar um xeque-mate:

— O senhor nem calcula o quanto seu terreno passará a valer com uma rodovia estadual aos fundos e uma avenida ajardinada na frente...

André já tinha pensado nessa consequência.

Prático e sempre bem-educado, além de ser homem devotado ao bem do próximo, ali mesmo declarou:

— Agradecemos suas considerações e sua atenção para conosco. — Dirigiu-se a Cristina: — Cris, podemos anunciar a quem de direito que estamos plenamente de acordo, mas com aquela condição?

Cristina captou que André referia-se à construção de uma escola no terreno deles, então homologou:

— Claro, André, concordamos com a doação que o senhor prefeito nos informou ser necessária à rodovia e à avenida, mas confirmo que com aquela condição.

Aníbal, surpreso, e a medo, perguntou:

— Qual?

— Que no nosso terreno a prefeitura construa uma escola de ensino fundamental e médio.

O prefeito deu um pulo da poltrona na qual estava e abraçou cordialmente ao representante dos Calvino, que há tantos anos já tinham história naquela cidade. Com respeito, mas com igual entusiasmo, abraçou também Cristina. Exultante, informou:

— Com os vereadores do meu partido político, estamos há algum tempo procurando um meio de construirmos mesmo uma escola como essa a que vocês se referiram. Só não o fizemos por dois motivos: não dispomos de área adequada e há o custo da construção.

— O primeiro problema, se aceitarem nossa doação, já está equacionado. Quanto ao segundo, pensamos que as várias construtoras que erguerão seus condomínios imobiliários por aqui poderão, juntas, ofertar o material necessário; quanto à mão de obra, o senhor poderá combinar com a Câmara Municipal isenção de impostos por algum tempo àquela que se dispuser a erguer a escola.

Eufórico, sendo um político, Aníbal pensou à velocidade da luz e disse:

— Aceitamos sua oferta, mas também com uma condição...

André e Cristina, agora eles é que tinham sido pegos de surpresa.

Percebendo que o casal não entendera o que dissera, Aníbal, muito espertamente, justificou:

— A condição é que a escola se chame "Doutor André Calvino".

Se pensou que agradava André, decepcionou-se quando ele, calma e educadamente, recusou:

— De forma alguma. Sugiro, se me permite, que o nome da escola seja escolhido pelo senhor, ouvida a Câmara de Vereadores e o povo da sua cidade. Informo desde já que em nenhuma hipótese eu aceitaria tamanha honra. Se me permite de novo, talvez o senhor possa dar à escola o nome de meu pai.

— Isso não ficaria bem...

— Por quê?

— Simplesmente porque a avenida praiana a que me referi já tem nome: Avenida Diogo Calvino.

Comovido, agora era André que abraçava o prefeito. E, ainda desnecessariamente, recebeu outra excelente notícia quanto à valorização das suas terras:

— Algumas construtoras imobiliárias já sinalizaram que têm projetos prontos para construírem condomínios e prédios residenciais por aqui. Inclusive compraram alguns outros terrenos, quando o preço ainda estava baixíssimo. Hoje o metro quadrado por aqui está astronômico...

Na hora, André se intrigou e quis saber:

— Como é que não fomos procurados por elas?

O prefeito se atrapalhou, pigarreou, mas saiu-se com esta:

— Vosso terreno é, de longe, o mais valorizado, o mais bem posicionado quanto à rodovia estadual e à avenida municipal, mas principalmente é o mais adequado ao nosso futuro centro turístico. Por isso, reservei-me o direito de ser eu a comunicar ao senhor e esposa os projetos que acabei de relatar. A nossa Secretaria de Obras já tem o projeto da avenida pronto, com os jardins, só faltando ser lançada a concorrência entre as construtoras capacitadas.

André, sentindo que o prefeito se alongara sem responder a sua pergunta, foi direto:

— Entendemos perfeitamente. Apenas queremos saber por que, ao que me parece, estamos sendo os últimos a serem sondados.

Agora Aníbal foi enfático:

— Várias construtoras querem comprar vosso terreno, considerado a cereja do bolo dos projetos turísticos da rodovia e da avenida, quanto à construção de residências de alto padrão. E foram elas mesmas que me pediram que os convencesse a venderem toda a área remanescente, isto é, após serem destinadas as áreas para a rodovia e a avenida.

— Faremos algumas contas, reservando área para residência da nossa família, com espaço para jardim, piscina e quadra poliesportiva. Depois, o senhor nos dirá qual a dimensão necessária para a futura escola a ser erguida ali. O que sobrar, então, estará à venda — disse André.

Aníbal comentou:

— Bem... Considerando a grandeza do vosso terreno, dele subtraindo essas reservas, ainda sobrará quase a metade. Por aqui, repito, os preços do metro quadrado subiram muito e alcançarão ofertas estratosféricas, tenha a certeza.

André acrescentou:

— Não pretendemos manter a posse do restante, após construirmos nossa casa por aqui, além de vermos edificada a escola. Assim, venderemos o remanescente.

Após essas considerações, André e Cristina despediram-se do prefeito e retornaram à sua cidade. Chamaram o filho e a nora e expuseram-lhes detalhes da conversa com o prefeito Aníbal, da cidadezinha onde, tantos anos passados, Diogo e Anamaria haviam passado a lua de mel.

Todos ficaram felizes e abraçaram-se comovidamente, relembrando que André e Cristina tinham andado bem quando da partilha da herança materna, optando por receber aquela área então deserta. E, mais ainda, quando haviam ajudado Evelino, comprando-lhe o terreno vizinho.

Nos dias que se seguiram à entrevista com o prefeito, André tocou a vida, mas paralelamente procurou um arquiteto e um agrimensor. O arquiteto, Olavo, era seu cliente no escritório de contabilidade e amigo do agrimensor, Tales. Explicou-lhes sua vontade de construir uma casa confortável no seu terreno na praia, o que os deixou contentes por serem prestigiados pelo membro da família Calvino.

De comum acordo, marcaram uma visita ao terreno para verificar as condições mais favoráveis aos projetos da casa e da escola.

Alguns dias depois, os três foram ao terreno, onde fizeram as medições e o contorno do local. Analisaram os aspectos legais, econômicos, sociais e ambientais dos projetos em vista: casa e escola.

De lá foram até a prefeitura e, mesmo sem terem agendado, foram euforicamente recebidos pelo prefeito, ao qual repassaram suas impressões e sugestões para a escola.

André, ajudando a cidade, bancou o projeto da escola:

— Caso o senhor e as autoridades do município aprovem as medições efetuadas pelo nosso agrimensor, aplicáveis ao anteprojeto que trouxemos para a localização da escola e da minha casa, esse anteprojeto será doado ao município, e eu me responsabilizo pelo pagamento dos engenheiros que os elaboraram.

O prefeito agradeceu:

— Em meu nome e no de todas as famílias da minha cidade, apresento a maior gratidão pela bondade dos senhores em nos gratificar com este presente. Tenho certeza de que os projetos serão aprovados.

Olavo e Tales, entendendo-se apenas por olhares, comovendo-se pela simplicidade daquela gente e pensando nas crianças que estudariam na escola, adiantaram-se:

— Para nós dois não haverá pagamento financeiro, André. Da nossa parte também elaboraremos os respectivos projetos definitivos, que serão humilde presente nosso. Isso, obviamente, se a Secretaria de Obras daqui ainda não fez os projetos ou se os nossos não estiverem de acordo com o pensamento da população.

Despediram-se com cordialidade, deixando o prefeito encantado com a gentileza para com a cidade "dele".

Uma semana depois aconteceu o que menos André poderia esperar em relação aos seus terrenos. Recebeu de um funcionário do cartório uma notificação extrajudicial para tomar conhecimento de um processo judicial a ser instaurado, referente a um dos seus terrenos...

Tendo passado recibo na notificação, no mesmo instante telefonou para o dr. Castanho e solicitou um encontro, a que foi atendido.

André, recebido pelo juiz, entregando-lhe o documento, explicou:

— Acabei de receber esta notificação extrajudicial.

Castanho a leu calmamente e tranquilizou André:

— Deixe comigo, se quiser. Poderei ajudá-lo. Farei isso sem quaisquer ônus para você, pois tudo que diz respeito à memória de Diogo mexe muito comigo. Farei uma contranotificação e vamos enviar por e-mail ao Juizado da comarca do seu terreno.

Castanho, citando o amparo legal, determinou a um funcionário de seu escritório de advocacia que redigisse contranotificação para agendar um encontro com o juiz daquela comarca, a fim de apresentar toda a documentação legal dos imóveis.

Como a notificação mencionava o e-mail da autoridade, o escritório de Castanho enviou por esse meio informático a contranotificação.

Depois de alguns dias, dr. Castanho informou a André que o juiz da comarca do terreno dele convocou ele, André, para comparecer ao Juizado, levando toda a documentação relativa às suas terras lá, podendo se fazer acompanhar de advogado. O e-mail informava data e hora para esse encontro inicial, antes da instauração de eventual processo judicial.

Castanho disse a André para reunir todos os documentos referentes aos terrenos, inclusive os anteprojetos da construção da casa e da escola, além da área a ser vendida, para irem mostrá-los ao juiz daquela cidade.

Na data marcada, André, Castanho, o arquiteto e o agrimensor dirigiram-se em equipe ao Juizado da notificação extrajudicial.

Foi com a maior festa que o juiz da comarca, ao receber a equipe, viu à frente dela seu festejado professor universitário: dr. Castanho.

— Mestre: prazer imenso em poder atendê-lo e aprender mais...

— Ora, ora, se não temos aqui meu aluno contestador e dotado de inteligência invulgar. Como tem passado, Alexandre?

Demonstrando respeito e carinho pelo antigo professor, ele respondeu:

— Doutor Castanho, nunca me esqueci do senhor. Em que posso servi-lo?

— André não é meu cliente, é muito mais do que isso: é amigo e filho do comendador Diogo Calvino, que passou a lua de mel aqui, antes até mesmo de você nascer.

O juiz Alexandre dirigiu-se até André e comentou:

— Foi Deus que enviou o doutor Castanho para nos ajudar a resolver questão delicadíssima referente aos seus terrenos.

Todos ficaram mudos. Aguardando. E Alexandre explicou:

— Seus irmãos Marcos e Tadeu deram entrada com queixa judicial contra você pela venda de parte do seu terreno à construtora, alegando que, sendo bem de raiz da família Calvino, você deveria obrigatoriamente consultá-los antes de fechar qualquer negócio. Inclusive, não são contra a venda, mas, sim, querem discutir com você uma nova partilha, como herdeiros que são também do comendador.

André mal podia acreditar no que ouvira. Ficou arrasado.

Castanho, sempre conselheiro, foi até ele e abraçou-o:

— Meu filho, não se apoquente com essa vil atitude dos seus irmãos. Eles estão mal assessorados. Tudo se resolverá legalmente e tenho certeza de que se arrependerão desta tão infeliz iniciativa.

Dirigindo-se ao antigo aluno, Diogo informou:

— Salvo melhor juízo, e não quero influenciá-lo, senão sim arrimá-lo de detalhes desse triste caso, participo que, quando faleceu a mãe desses três irmãos, a saudosa Anamaria, o comendador inquiriu aos filhos, herdeiros, se gostariam que houvesse partilha do espólio da mãe. Eles disseram que sim. Então, casados em comunhão universal de bens, Diogo realizou a legítima: ele, como cônjuge viúvo, ficou com a meação (cinquenta por cento da herança materna), e os quatro filhos dividiram entre eles, em partes iguais, a outra metade. Penso que assim é improcedente a queixa-crime dos dois irmãos de André. E aqui está a ata da referida legítima. Só pode ser por má-fé que Tadeu, sendo advogado, desconheça que legítima só pode haver uma e que, tendo havido partilha, nada mais tem a postular.

André, invadido de tristeza e decepção, não conseguia dizer palavra.

Castanho tomou a dianteira e mostrou ao seu ex-aluno todos os documentos, desde a ata registrada em cartório da partilha da herança materna até a ata referente à Fundação Calvino, que por testamento fora doada pelo comendador. E também a do terreno recém-adquirido.

Analisando todos os documentos, além dos projetos da casa e da escola a serem edificados no terreno de André, ali mesmo o juiz decidiu que não haveria abertura de processo, por ilegalidade e improcedência do objeto requerido pelos dois irmãos.

Comentou com dr. Castanho:

— Determinarei imediatamente o arquivamento da queixa-crime. Inclusive, se o senhor me permite, pessoalmente explicarei a eles o engano no qual mergulharam.

Respirando fundo, acrescentou:

— Dificilmente me conterei de não repassar-lhes tremenda carraspana... Não sei qual o pensamento de André, mas é possível até abertura de queixa contra essa tentativa de injúria moral a ele e à memória do pai.

André, mesmo ferido moralmente pelo desamor dos irmãos, disse:

— Não, doutor Alexandre. Não precisa puni-los. Com sua licença, lembro-me de um grande ensinamento de Jesus: "A cada um, segundo suas obras". Assim, lamento que eles um dia tenham que ressarcir esse mau ato...

Os dois juízes entreolharam-se, aplaudindo em silêncio.

Despediram-se fraternalmente e gratos ao juiz Alexandre.

À saída, na sala de espera, estava o prefeito, que ao vê-los disse:

— Tomei conhecimento por alto do motivo de os senhores estarem aqui e me prontifiquei a vir para, se necessário, testemunhar a gratidão da nossa cidade a André.

Sabendo que tudo já se resolvera, convidou a equipe para o almoço, que foi recusado.

Quando fizeram a viagem de volta, ninguém falou nada.

Todos respeitavam o silêncio de André, que se mostrava deprimido.

## 10. A pedagogia da dor

André ficou vários dias ressentido, vítima de tristeza ante a infeliz atitude dos irmãos. Mas em nenhum momento pensou em retaliá-los.

Dedicou-se a providenciar a conclusão e regularização dos projetos de construção de sua casa e da escola na praia, e, assim, esteve bastante engajado junto ao arquiteto e ao agrimensor, debatendo detalhes.

Duas semanas após a ida ao Juizado, tomava o café da manhã com Cristina, quando receberam a visita de Judite, esposa de Marcos.

Judite vinha com os olhos vermelhos, chorando e em aparente estado de choque, com forte hematoma em um dos olhos.

Acolhida com carinho pelo casal, desabafou:

— Marcos me agrediu e eu deixei tudo para trás: ele e nosso lar...

André aguardou que Cristina fizesse as perguntas.

— O que aconteceu, Judite? Por Deus, conte pra gente!

— Quando foi feita a partilha e Marcos recebeu aquele dinheiro todo, ficou obcecado, só pensando num jeito de multiplicar o que ganhara do pai. Não permitiu que eu abrisse a boca para aconselhar sobre o melhor emprego da quantia. Dizia-me que o dinheiro era só dele e que eu não era filha do comendador, assim tinha que ficar calada.

Acalmando-se em parte, Judite prosseguiu:

— Desde o dia em que pegou o dinheiro não parou de beber e, hoje de manhã, quando ia sair só Deus sabe para onde, interpelei-o e exigi que pensasse no nosso lar e nos nossos familiares. Como ele me mandou calar a boca, não me conformei e falei que, sendo casados em comunhão de bens, tinha direito ao menos de sugerir o emprego daquele dinheiro.

Cristina interrompeu, mais para Judite se acalmar:

— Você tem toda razão. E o que ele respondeu?

— O que você está vendo no meu rosto. E se eu não escapasse nem sei o que ele faria comigo. Estava positivamente endoidecido.

André resolveu entrar na conversa:

— Esse comportamento agressivo, uma vez inaugurado, pode se perpetuar... Penso que seria prudente você ir à polícia e lavrar um boletim de ocorrência narrando a agressão. Certamente o delegado encaminhará o caso a conhecimento de juiz, e Marcos será chamado a prestar contas. Em qualquer hipótese, essa providência será como um freio a uma eventual repetição dessa covardia.

Judite acrescentou:

— Eu não podia contar, mas, quando ele apareceu em casa com um carro luxuoso, sabendo que ele não tinha dinheiro nenhum, ao perguntar como conseguira comprá-lo, fui brutalmente empurrada e ameaçada por ele caso contasse a alguém sobre o carro.

Respirou fundo e desabafou:

— Quando você nos procurou e contou do furto na casa do seu pai, eu imediatamente imaginei que ele fosse o ladrão, mas tive medo de comentar sobre o carro e minha suspeita.

— Antônio sabe dessas agressões? — inquiriu André.

— Essa de hoje não, mas há tempos não vai mais lá em casa para não se encontrar com o pai, que sempre está embriagado. Eram inimigos até Marcos conhecer o neto Diego. Eu ajudo Antônio na educação dos dois filhos dele.

— Os netos veem o avô alcoolizado?

— Quase sempre não, pois Marcos fica o dia inteiro fora de casa e só vem para dormir, geralmente embriagado. Assim que toma o café matinal no dia seguinte, sai de novo para a rua...

Cristina foi prática:

— Fique conosco. André vai cuidar desse caso, e penso que com a ajuda do doutor Castanho, pois ele prometeu que diante de qualquer problema ou dificuldade poderíamos procurá-lo.

Judite esclareceu:

— Quando houve a partilha da herança de dona Anamaria, eu consegui que Marcos comprasse três casas, que foram alugadas e nos sustentam quase inteiramente, além do meu ordenado. Uma das casas vagou há um mês e ainda não a alugamos, pois está difícil conseguir inquilinos confiáveis. Estou pensando em ir morar lá com meus netos.

— E Marcos? — perguntou Cristina.

— Não fico mais com ele. Vou pedir o divórcio.

— E seus netos? — perguntou André.

— Coloquei um disfarce para tentar esconder os sinais da agressão e levei-os à escola. Quando for o horário de eles saírem, estarei lá para irmos morar na casa desocupada.

Acrescentou, desolada:

— Nunca imaginei que Marcos chegaria ao ponto de me agredir. Se não fosse o Tufão — referia-se ao cão pastor-alemão deles —, nem sei o que poderia ter acontecido.

— O Tufão não gosta dele?

— Gosta. Muito. Mas quando o Marcos começou a me bater o cão se transformou e por pouco não voou no pescoço dele. Com medo, meu marido não me feriu mais do que já tinha feito...

André pensou: *O cão deve ter percebido que Marcos não agia por conta própria. Não seria de duvidar que tivesse algum Espírito mau obsedando-o...* Pediu que Judite permanecesse com Cristina até que ele tivesse alguma solução, pois iria imediatamente ao escritório do dr. Castanho.

Quando André chegou ao escritório e narrou o acontecido ao juiz, ele pensou rápido e sugeriu:

— Vamos agora mesmo procurar o Marcos, para termos uma conversa com ele.

Dirigiram-se à residência de Marcos e tiveram enorme surpresa ao ver que à porta estavam dois carros de polícia e uma ambulância.

Logo ficaram sabendo que, quando Judite o abandonara, Marcos começara a quebrar as coisas dentro da casa e os vizinhos chamaram a polícia, informando inclusive que ele, cedo, agredira a esposa.

Dr. Castanho era muito conhecido e respeitado na cidade e, tanto os policiais quanto os atendentes médicos, ao vê-lo, cumprimentaram-no com respeito e contaram:

— O "doutor" Marcos Calvino teve um surto psicótico; quando chegamos, ele estava enfurecido, inclusive toda hora pondo a mão no lado direito do tórax e urrando de dor. Precisamos sedá-lo fortemente para levá-lo ao hospital. Com sua licença, estamos de saída daqui.

— Obrigado pelas informações. Vocês vão à frente, e eu e o irmão do Marcos iremos em seguida até o hospital.

Quando a ambulância deixou Marcos no hospital, lá foi conduzido, ainda sedado, a uma sala de consultório médico. Dr. Castanho aguardou que o médico que atendia ao caso lhe comunicasse o estado do paciente. Mas logo ele e André foram informados de que Marcos seria submetido a vários exames complementares, para só depois, talvez no dia seguinte, emitirem um diagnóstico. Comentaram com o juiz que, sabendo o histórico de Marcos, o caso dele se revestia de gravidade.

O juiz e André retornaram à casa deste e contaram para Judite, que ainda estava lá, que Marcos permaneceria alguns dias hospitalizado, em exames, para diagnóstico e tratamento. Aconselharam-na a voltar para casa. Na mesma hora, Mariana, que também estava lá, solidária com Judite, prontificou-se a acompanhá-la. O juiz solicitou a André que o mantivesse informado de quaisquer novidades sobre Marcos.

André esteve em contato quase permanente com o hospital, mas só dois dias depois foi chamado a ir lá, acompanhado dos familiares adultos que pudessem ou quisessem ir. A esposa de Marcos também deveria estar presente para ouvir as notícias sobre o estado do marido.

André informou o juiz, que também decidiu ir com eles.

Judite contou para o filho Antônio sobre o estado do pai e pediu que ele estivesse com ela na ida ao hospital.

Dessa forma, quando chegaram ao hospital (André, Cristina, Judite, Mariana, Antônio e o dr. Castanho), foram encaminhados ao escritório da diretoria.

Recebidos com cordialidade pelo dr. Juliano, diretor do hospital, logo foram informados sobre Marcos:

— Nosso paciente não está bem. O caso dele é grave. Seu estado geral está bastante comprometido. Desculpem-me dar-lhes assim brevemente estas notícias, mas a situação física dele demanda providências imediatas...

Judite, adiantando-se a todos, quase implorou:

— Pelo amor de Deus, doutor, o que ele tem e o que precisa ser feito?

— Segundo os registros médicos anteriores e os exames atuais, seu marido se encontra com cirrose, em consequência de hepatite alcoólica. Apresenta insuficiência hepática aguda... É situação grave que demanda transplante de fígado, sem demora.

Judite começou a chorar, sendo abraçada por Cristina e Antônio.

O médico, com bondade e profissionalismo conjugados, disse mais:

— A medicina está bastante adiantada e tem resolvido satisfatoriamente esses problemas com cirróticos. No momento, a preocupação principal é conseguirmos um doador.

O juiz adiantou-se e inquiriu:

— Qual é a possibilidade, doutor?

— Esse é o nó górdio dos transplantes, e em particular de fígado: a fila de candidatos é maior do que a possibilidade de atendimento, por vários fatores bem conhecidos, dentre os quais oferta de doadores de fígado sadio retirado de doador compatível, com morte cerebral, ou de doador vivo que aceite doar parte de seu órgão para ser transplantado.

André, sensibilizado, com os olhos brilhando, comoveu a todos ali:

— Sou doador voluntário para meu irmão!

Dr. Juliano levantou-se e abraçou André demoradamente. Impossível deter o pranto, do médico e do doador voluntário.

Aquele abraço continha implícitos uma série de recados, com base em gratidão, admiração, expectativa positiva e principalmente reconhecimento do amor ao próximo.

No coração de André jamais foram esquecidas as palavras de sua mãe: "A compaixão pelo sofrimento de alguém é verdadeira quando você se esforça em eliminar a causa da dor". Isso quando, diante de uma empregada da casa com graves problemas de saúde, Anamaria ajudou-a a se tratar até se recuperar.

Judite, Cristina, Mariana e Castanho, ao mesmo tempo, os quatro também com lágrimas escorrendo, acercaram-se de André, que mais chorava...

— Eu também sou doador voluntário — disparou Antônio.

— Se puder transplantar fígado de mulher, eu também — confirmou Judite.

— Ele é meu irmão e sou candidata a ser doadora para ele — ofertou Mariana.

O juiz, meio encabulado, mas falando com sinceridade, comentou:

— Sei que depois dos sessenta anos a medicina não aceita doadores vivos de transplantes de fígado... Pena, senão...

O médico, o juiz e os cinco familiares de Marcos permaneceram com suas almas agregadas em um abraço que, aureolado de tão intensa comoção, se eternizaria na vida deles.

Naquela sala, que tantas vezes testemunhara cenas tristes sobre pacientes e suas patologias afetando famílias, o ambiente, de repente, ficou com brilho de Sol do meio-dia.

Refazendo-se primeiro que todos, Juliano, feliz, contou:

— Tenho uma oportuna notícia para a família: desde as primeiras vezes que o paciente Marcos foi internado neste hospital, embora em nenhuma permanecesse e tenha se evadido, seu pai, o saudoso comendador Diogo Calvino, há anos, prevendo demora em eventual atendimento, inscreveu-o precocemente na fila de transplantes hepáticos. À época esteve comigo, nesta sala, desolado, pois o filho não aceitava nenhum tratamento e vinha de recidivas alcoólicas constantes, cada vez piores...

Diogo, onde quer que seu Espírito se encontrasse, certamente teria captado a emoção coletiva que inundara aquela sala hospitalar.

O mesmo se poderia dizer da mãe de Marcos, Anamaria.

Talvez, quem sabe, o casal até estivesse em júbilo pelo andamento do problema com o filho que sempre os infelicitara, desde que se entregara ao alcoolismo.

Dr. Juliano, comedido, citou:

— Esta não é a primeira vez que vejo como a dor une as pessoas, sobretudo as que eventualmente estejam em litígio, o que, me parece, não é o caso...

E acrescentou:

— Em toda a minha carreira de médico de transplantes, jamais presenciei fraternidade como a de vocês.

Brincou:

— Se eu pudesse, utilizaria parte do fígado de cada um de vocês em transplantes, pois estou vendo que são abençoados.

E comentou filosoficamente:

— Essa atitude da família certamente vai fazer bem a Marcos...

Até parecia que o médico conhecia a aversão que Marcos apresentava contra André, justamente aquele que primeiro se apresentara como voluntário instantâneo, no momento em que soubera que poderia salvar o irmão de morte certa. E também como maltratara a esposa, chegando a agredi-la fisicamente.

A seguir, Juliano explanou para os familiares e o juiz vários detalhes sobre todo o delicadíssimo rol de procedimentos necessários à realização propriamente dita do transplante em causa. Discorreu também sobre os procedimentos legais e médicos da cirurgia, considerando-se o pré e o pós-operatório.

Dirigindo-se a André, mas solicitando a atenção dos demais, Juliano prestou algumas informações sobre a situação pós-operatória de doadores de fígado:

— Nos transplantes *inter vivos,* de modo geral, em poucos meses os doadores apresentam boa recuperação e não tardam a retornar às atividades rotineiras. Como a experiência demonstra que tais doadores se queixam de fortes dores após a doação, a medicina desenvolveu procedimentos específicos contra essas dores.

Acrescentou:

— A cicatriz no doador, longe de constrangê-lo, representa quase um atestado de que é generoso. Óbvio que nenhum doador procura tal reconhecimento, eis que ele é resultante, não buscado, mas inevitável.

Judite, nervosa, presa de grande ansiedade, atalhou:

— E no meu marido?

Pacientemente, Juliano explanou:

— Para ser colocado um novo órgão, no caso, o fígado, antes é necessária a remoção do fígado doente. A cirurgia demanda algumas horas, e o paciente permanecerá de um a três dias na UTI. Receberá várias medicações; algumas delas terão que ser por toda a vida. Logo após os procedimentos deverá voltar ao hospital semanalmente, depois em visitas médicas mensais e a seguir semestrais.

Terminada essa reunião, despediram-se.

Antes, discretamente, Castanho julgou por bem comentar, sem muitos detalhes, que desde a leitura do testamento do pai Marcos brigara com André, além de se mostrar inamistoso com Mariana, a irmã.

Na alma de cada um dos familiares implantara-se profunda admiração por André, que se mantinha excepcionalmente calmo.

Nos dias seguintes foram marcantes os encontros da família com os médicos da equipe de transplantes, chefiados pelo dr. Juliano.

Agindo profissionalmente, mas com especial empenho devido à gravidade do estado de Marcos, Juliano providenciou os exames de compatibilidade de André como potencial doador. E, para felicidade de todos, os resultados aprovaram o transplante entre os irmãos.

Chegou um momento especial: comunicar a Marcos as providências em andamento.

O transplante... E, principalmente, quem seria o doador...

O juiz, por cautela e bom senso, informou a Juliano sobre os últimos acontecimentos, quando Marcos teria brigado com a mulher antes de surtar; e relembrou que, desde a leitura do testamento, ele também brigara com André. Não bastassem esses despautérios, ainda ameaçara indiretamente matar o filho, Antônio, conquanto tenha aliviado a ameaça quando soube que ele era pai de uma criança fora do lar...

Juliano, tarimbado não apenas com tantos atendimentos a pessoas doentes, sempre carentes, mas lidando ainda com a imprevisibilidade dos resultados dos delicados procedimentos relativos a transplantes, prontificou-se a, de início, conduzir o encontro entre Marcos e André e, depois, com os outros familiares com os quais se mantinha em desavença.

Sabia o médico que transplantes, aliás, como todas as cirurgias, podem produzir resultados inesperados... E que, de qualquer forma, era sempre recomendável que o paciente estivesse em paz, otimista, colaborando assim para que prosperassem os resultados buscados.

Valendo-se do inegável apoio psicodinâmico que o médico proporciona ao doente, ainda mais em casos mais delicados, quais os de transplantes, Juliano sempre agia com psicologia, no sentido de buscar cooperação por parte do paciente. Isso incluía pacificação entre aquele que receberia cirurgia e eventuais antagonistas.

Para o primeiro desses encontros, decidiu preparar Marcos para aceitar a generosa oferta do irmão.

Assim, chamou André e os demais familiares, recomendando que ficassem à espera, do lado externo da UTI, aguardando seu chamado.

Antes de entrar na UTI, avisou:

— Vou preparar Marcos. Depois, um a um, eu os conduzirei até ele. Mas, por favor, não demorem junto dele mais do que trinta segundos.

Entrou na UTI e dirigiu-se a Marcos:

— Olá, Marcos, tenho ótimas notícias para você.

— Doutor Juliano, doutor Juliano! Não quero morrer! Não quero morrer!

— Ótimo, Marcos, fico muito feliz em ouvir isso. E justamente o que venho lhe dizer é que nossa equipe médica, após todos os procedimentos para o tratamento adequado ao seu caso, optou por um transplante de fígado...

— Pelo amor de Deus! Não quero morrer! Estou com medo...

— Vamos ser positivos e parar de lamentos que não levam a nada. Ninguém quer morrer. Eu também não quero morrer. Assim, por favor, não mais repita isso. Aliás, se me permite, não sei se você acredita em Deus, mas, acredite ou não, só Ele, o Criador, faz a convocação de quem deve morrer, quando, onde e como.

— Acredito em Deus! Acredito em Deus!

— Muito bom. Posso agora dar-lhe as boas notícias?

— Por favor, por favor, estou desesperado; sinto que estou muito mal, pois as dores cada vez aumentam mais. Quase não estou mais aguentando.

— Preste bem atenção à minha recomendação: se você ficar calmo, sem revolta e seguindo as orientações médicas, seu organismo produzirá hormônios para diminuir a dor. Do contrário, as dores serão ainda maiores... Entendeu?

— Sim, senhor. Deus vai me ajudar...

— Muito bom pensar em Deus. Mas precisamos esclarecer algumas coisas, para que seu tratamento transcorra em paz e prospere. A propósito, sua esposa, seus irmãos André e Mariana, e o juiz doutor Castanho têm estado aqui desde o dia em que você teve aquele surto. Você se lembra do que aconteceu naquele dia?

Antes da resposta, o médico exigiu:

— Só me responda se for para dizer a verdade. Somente a verdade!

Marcos demonstrou estar arrependido e disse:

— Sim, doutor Juliano, lembro-me bem. Agi muito mal, justamente com a mulher que amo, minha Judite. Como me arrependo...

— Excelente esse seu arrependimento, que em minha opinião precisa urgentemente ser dirigido também a outras coisas, por exemplo, sua convivência com seu irmão André.

— André... Vejo hoje que não tenho sido bom para com ele. Quando sair daqui, vou procurá-lo e pedir que me perdoe.

— Gostei muito de ouvir essas suas últimas palavras, sobre Judite e André. Vou sair um pouquinho da "curva", como médico, para aconselhá-lo como se fosse meu irmão, ou meu filho: e quanto à bebida?

— Fiz uma promessa a Deus, a Jesus e a Nossa Senhora da Saúde: se eu não morrer, nunca mais beberei uma gota de álcool.

Os olhos de Marcos contaram para o médico que aquilo era expressão pura da verdade, pois começaram a despejar grossas lágrimas que, em pouco tempo, encharcaram o travesseiro.

Juliano passou a mão na testa dele, acarinhando-lhe os cabelos, e retirou-se, para retornar em segundos, agora na companhia de André.

Vendo o irmão com toda aquela aparelhagem médica e chorando, André, de temperamento sensível e fraterno, começou a chorar também, aproximando-se do leito e beijando Marcos na face.

As lágrimas dos irmãos se misturaram.

Não tardou e Juliano, embora mais controlado que os dois, também precisou do lenço para que os olhos não exagerassem na produção das lágrimas com o selo da fraternidade, esta, filha do amor ao próximo.

Juliano deu tempo ao tempo para os irmãos se acalmarem. Para ele próprio se acalmar também. Julgando então o momento oportuno, informou a Marcos:

— Sabe quem vai ser o doador de fígado para seu transplante?

Ao dizer isso, o médico olhou para André.

Marcos ficou perplexo, deduzindo a informação.

— Não acredito. Meu Deus! Como fiz tanta besteira, magoando pessoas tão boas... Judite, meu filho, meus irmãos...
— Ainda em lágrimas, soluçou: — Doutor Juliano, diga-me de verdade: o senhor está me dizendo que o doador será o André?

— Sim, pois o fígado dele foi aprovado nos exames necessários para ser doador. Aliás, ele não demorou um segundo para ser voluntário, quando informei à família que você necessitava de um transplante de fígado.

O choro de Marcos espalhou-se pela UTI.

Marcos, definitivamente, era um dos maiores chorões que haviam passado por ali. Aquele ambiente, como todos os similares, era mesmo testemunha de como a pedagogia da dor transforma pessoas para o bem... E pensar que tantas pessoas não compreendem que a dor, conquanto indesejada, seja um abençoado mecanismo de alerta, noticiando que algo não vai bem ao seu portador. E isso é válido tanto para o corpo físico quanto para o Espírito, posto que, quando este contraria alguma das leis morais ou naturais, aquele hospeda-a (à dor) indelevelmente à sua vida. E ela só o deixará quando interromper o mau procedimento, arrepender-se e, principalmente, reconstruir o que tenha destruído, sobretudo se magoou ou injuriou semelhantes.

Como todos os sublimes ensinamentos do excelso Mestre, fala alto aos que padecem dores fortes, aquele que recomenda reconciliação com alguém a quem esteja em demanda, e isso enquanto ainda estão ambos a caminho...

Juliano pegou no braço de André e o retirou da UTI, logo retornando, apenas com Judite.

Vendo-a, Marcos, olhos boiando em lágrimas, implorou:

— Judite... Minha Judite, me perdoe, amor. Fui um louco...

A esposa, vendo o marido soluçante e apetrechado de equipamentos médicos, aproximou-se dele, tomou-lhe as mãos e disse, chorosa:

— Perdoo sim, amor. Você não é mau. Foi a bebida que o distanciou do bom caminho. Sempre te amei e sempre amarei!

Acarinhou o marido e completou:

— Sempre te amarei. Não demore a voltar para casa...

Juliano encerrou aquela brevíssima visita, a bem do paciente:

— Ela foi a segunda voluntária...

A seguir entraram Antônio e depois Mariana.

Juliano explicou que tinham sido também voluntários à doação.

A todos Marcos pediu perdão, na verdade desnecessário, pois quando seu quadro de saúde foi diagnosticado como de gravidade máxima (área subjetiva fronteiriça com a morte...) aqueles familiares eliminaram eventual ressentimento contra ele — tal a luz que brilha intensamente no coração daqueles que cultivam a compaixão.

Também de forma subjetiva, mas real, radiações fraternais se deslocam da origem (fonte) ao endereço de alguém, alvo delas, levando-lhe suprimento de energias vivificantes, vulgarmente atribuídas à fé.

Assim foi que Marcos captou uma onda energética que só o amor fraternal concede. Estando sozinho, murmurou de si para si mesmo:

— Obrigado, meu Deus, meu Jesus e minha Nossa Senhora da Saúde. Obrigado!

Não demorou para que, em um dia de Sol radiante, o transplante fosse efetuado com sucesso, do ponto de vista da medicina.

Tantas preces foram feitas por familiares a favor de Marcos que seria imperdoável ingratidão para com as bênçãos divinas não creditar também ao Criador e Seus servos o sucesso da cirurgia. Isso sem contar que o fantástico e abençoado progresso da medicina obviamente aporta na Terra como presente do Pai nosso que está no céu...

Agora seria aguardar o tempo, como sempre o mecânico da vida, que põe todas as coisas no lugar, cedo ou tarde.

No pós-operatório, os dois irmãos ficaram alguns dias na UTI, lado a lado, recuperando-se e cada vez mais irmanando-se.

O dr. Juliano estava muito contente com o progresso da convalescença dos dois, doador e receptor. André teve alta primeiro, com várias recomendações de como voltar aos poucos às atividades profissionais, evitando esforços e cuidadosamente se medicando, conforme receita que lhe foi passada.

Quanto a Marcos, precisou permanecer na UTI por mais tempo do que André, depois foi transferido para um apartamento e só em três semanas teve alta e pôde ir para a residência.

Várias foram as recomendações médicas, nelas incluindo-se dieta, medicação permanente e exames periódicos. Dr. Juliano prescreveu que por seis meses Marcos mantivesse esses e outros cuidados, para só então voltar às atividades normais — atividades essas que ele há muito tempo não praticava...

Fato notável de amor entre irmãos foi protagonizado por Mariana: desde o dia do transplante esteve sempre junto dos irmãos, encorajando-os e eventualmente assistindo-os ainda no hospital.

Enfermeira respeitada por sua competência, o próprio dr. Juliano permitiu que ela tivesse livre trânsito no hospital, em atendimento aos irmãos.

Mariana tinha dois períodos de licença-prêmio não gozados e não teve dificuldade em requerê-los e ser atendida.

Quando os irmãos tiveram alta, primeiro André e depois Marcos, ia da casa de um à casa do outro, sempre prestativa, justamente nessa fase delicada de convalescença pós-operatória, e ainda de fígado...

Durante essa fraternal assistência, muito se fortaleceu o laço familiar entre os três irmãos, inclusive pelo reconhecimento das cunhadas Judite e Cristina, além dos demais familiares.

Francisco, na ausência de Mariana, procurou dedicar-se ao lar, na medida do possível, atendendo os quefazeres domésticos.

Na verdade, a dor de Marcos e de André foi vetor abençoado, reunindo famílias que há anos não vivenciavam clima de harmonia.

Mas faltava Tadeu...

Mesmo sendo informado por *e-mail* sobre o transplante de Marcos, tendo André como doador, sequer comparecera ou telefonara para saber como estavam os irmãos.

Vários telefonemas para ele não prosperaram, pois a secretária de Tadeu invariavelmente informava que ele não estava.

Tadeu não atendeu nem mesmo às tentativas de comunicação do dr. Castanho.

André e Cristina sempre faziam preces a Deus para que Tadeu se reconciliasse com a família.

Não sabiam, mas o juiz igualmente orava a Jesus pela reconciliação dos irmãos, mormente com relação ao afastamento de Tadeu.

## 11. Abrigo de ventos fortes

Dois meses após a doação do fígado, André já podia realizar pequenas caminhadas. As dores, fortes de início, foram se atenuando dia a dia.

Outra vez: recebeu notificação para comparecer ao Juizado da cidade dos seus terrenos, como testemunha, pois estava em curso queixa relativa ao terreno vizinho ao seu, que recentemente adquirira.

Há algum tempo pretendia fazer uma visita aos terrenos praianos, para verificar em que andamento estavam os projetos narrados pelo prefeito de lá. Recebendo a notificação judicial, decidiu que era uma oportunidade para atender à Justiça e ao mesmo tempo se inteirar do progresso das obras da rodovia estadual e da avenida municipal.

Desta vez, André não quis onerar o dr. Castanho e foi apenas com sua esposa atender à convocação judicial.

O juiz Alexandre, que conhecera por ocasião do processo em que seus irmãos Marcos e Tadeu apresentaram requisição de partilha sobre o terreno dele, cumprimentou-o bondosamente:

— Então, André, fiquei sabendo que você agora está sem um pedaço do seu fígado. Parabéns, não é sempre que um irmão pode contar com tão dadivosa doação.

— Bom dia, doutor Alexandre. Agradeço suas boas palavras. Vim assim que pude. Cristina me trouxe.

O juiz dirigiu-se a Cristina:

— Prazer em conhecê-la, senhora. Agradeço ter trazido André.

— O prazer é meu, doutor Alexandre. Meu marido e o doutor Castanho falam sempre do senhor. Admiram-no muito.

André atalhou:

— Então, doutor Alexandre, do que se trata desta vez?

— Ah, meu amigo, outra vez heranças... Sempre provocando tempestades familiares. A esposa e os filhos do senhor Evelino, aquele que vendeu para você o terreno há pouco tempo, estão requerendo que o dinheiro daquela venda seja repartido com eles.

— Ele não se mudou para o Nordeste?

— Sim, mudou-se. Mas o advogado dele informou-me que Evelino encontra-se hospitalizado, sem condições de comparecer em juízo, aqui. Assim, em relação a ele, estou administrando o processo sob deprecata, isto é, enviei cópia do processo ao meu colega da cidade onde Evelino está, solicitando que seja ouvido lá.

— E qual pode ser minha contribuição nesse processo?

— Apenas confirmar dados sobre a compra que fez, deixando cópia da respectiva documentação.

Cristina, entregando uma pasta ao juiz, adiantou-se:

— Já providenciamos isso.

— Muito bem. Espero não tê-los incomodado. E, dentro do possível, não mais convocá-los a vir até aqui.

Gentil, completou:

— Quando queiram nos visitar, tenham certeza de que nossa casa está de portas abertas para vocês. Minha esposa, professora, ficou radiante com a notícia da escola que será erguida na área que vocês doaram. Se não nos visitarem em dois meses, eu irei pessoalmente buscá-los para um churrasco.

André brincou:

— Está combinado. Com uma condição: que sejamos "farofeiros" e que o churrasco seja lá no meu terreno, todos com o pé no mar.

— Combinado!

Agradecendo, o casal se despediu. Antes de retornarem para a sua cidade, André foi até a prefeitura cumprimentar o prefeito e saber, dele, em que pé estavam eventuais obras lá na sua área. Atendidos com muita atenção, o próprio prefeito se ofereceu para conduzi-los até lá.

Foi com agradável surpresa que o casal constatou o andamento das obras, já delineadas e devidamente sinalizadas. Só então André pôde aquilatar a grande extensão de terra que fora do seu pai e que agora, sua, encontrava-se com muitas máquinas pesadas de terraplanagem em ação. Aquela imensa área estava prevista para ser um bairro inteiramente residencial. O arruamento já estava delineado, com os traçados sendo executados.

Uma lágrima nascida de gratidão filial, apenas uma, silenciosa e quase imperceptível, rolou pelo rosto do proprietário daquela fabulosa extensão de terra, irmanada pela natureza a um grande mar que a beijava em sua orla, onde tantas árvores dos abricós dos índios serviam de fronteira entre areias e terras, gêmeas...

Foi com grande alegria também que alguém veio em sua direção lá do cenário de obras e, chegando perto, cumprimentou-o festivamente:

— Que coisa boa, "doutor" André, que felicidade vê-lo por aqui!

Era Tales, o engenheiro agrimensor que o abraçou efusivamente e a seguir cumprimentou Cristina e o prefeito.

O prefeito deu a notícia sobre Tales:

— Nossos ares fizeram bem ao amigo Tales, que entregou seu coração a esta cidade: não bastasse ser contratado pelas construtoras, em parceria com a prefeitura, mudou-se para cá e vive lindo romance de amor junto da namorada, minha sobrinha.

Tales enrubesceu e foi festivamente cumprimentado por André.

Este, pensando nos pais, que também tinham vivido momentos de amor naquela mesma cidade, quando ali haviam passado a lua de mel, sentiu-se visitado na alma por um impulso irresistível, fruto da saudade que sentiu deles. Qual se Diogo e

Anamaria estivessem bem ali, juntinhos dele, na mesma hora tomou uma forte decisão...

Pegando a mão de Cristina, pediu ao agrimensor e ao prefeito que o ajudassem a concretizar uma ideia que lhe assomara de súbito, mas que a mantivessem em secreto, até poder ser anunciada.

Entreolhando-se, prefeito e engenheiro se comprometeram ao silêncio. André expôs-lhes o "plano secreto". Ambos aplaudiram.

André dirigiu-se a Cristina:

— Só faremos isso se Cristina concordar.

— Nem precisa falar duas vezes. Acho sensacional sua ideia.

Deixando os dois homens ressabiados, com exceção da esposa, olhou para o céu e comentou:

— Acabei de receber a sugestão disso vinda lá de cima...

Tales pediu licença, despediu-se e voltou para o trabalho.

Afora as quatro pessoas, o terreno, as árvores de abricó e o mar foram as únicas testemunhas que ficaram sabendo sobre o tal segredo.

Uma semana depois, André recebeu notícia do juiz Alexandre de que Evelino não sobrevivera, e que a família se desentendera violentamente, já a partir do velório, pois haviam se deslocado até o Nordeste, não para participar das exéquias, mas sim para pegar toda a documentação que estivesse em poder do falecido... e o dinheiro que estava na conta dele.

O juiz Alexandre ainda comentou:

— Meu colega informou que, quando diligenciou junto a Evelino, um dia antes de ele morrer, este declarou-se desgostoso porque a esposa o traíra e abandonara o lar, tendo os dois filhos do casal ficado solidários com a mãe. Inclusive, ameaçaram-no de dar-lhe uma boa surra e tomarem tudo dele. Foi por isso que vendeu o terreno e se mudou para bem longe dos três.

Alexandre deu outros detalhes:

— E, se não bastasse, antes do enterro do pai, brigaram os três, tendo o irmão mais novo atirado no mais velho, que queria ficar com tudo para decidir como distribuir entre eles. O que levou o tiro felizmente ficou apenas ferido, mas sem risco de vida. A polícia conduziu os três para a delegacia, onde foi aberto inquérito, ficando preso o que atirou. Em consequência, o processo de herança, inventário e partilha ficou sumariamente prejudicado, sendo de esperar que talvez demande anos para sua conclusão.

Comentou ainda com André:

— Mal sabem eles que as custas advocatícias para andamento do processo da herança, a seguirem em frente, ficarão mais onerosas do que o espólio... O provável será desistência dos herdeiros.

Quando André contou para dr. Castanho essa desavença por causa da herança paterna, o juiz coçou um pouco a cabeça e disse:

— Os seres humanos vivem às turras, desde os primeiros tempos que a História registra. Principalmente em família, quando se trata de herança. Sem me alongar lembro a história bíblica dos gêmeos Esaú e Jacó, filhos de Isaque e Rebeca, segundo o livro *Gênesis*. Pela tradição, ao filho primogênito eram dados direitos exclusivos. E quem nascera primeiro dos gêmeos fora Esaú, mas a mãe tinha especial carinho por Jacó. Ela e Jacó planejaram enganar Isaque, que, velho, já não enxergava bem. Enganaram-no fazendo crer que Jacó era Esaú e com isso roubaram o direito deste. Os irmãos se tornaram inimigos e só tempos depois é que se reconciliaram.

Castanho meditou por algum tempo e depois contou:

— Esaú e Jacó continuam vivos... Volta e meia se ouve falar de irmãos que disputam bens familiares, sob os mais inverossímeis argumentos. Ainda agora, lembram-se daquele carro que seu pai ofertou para sorteio? Pois é, quem ganhou ficou sem ele, pois dois, dos três filhos dele, justamente na véspera de ser entregue à pessoa que o comprou do pai, resolveram ir com o carro a uma balada. Em prantos, contaram ao pai que o carro foi roubado, e a polícia não o encontrou. Pelas características do veículo, não será de estranhar que esteja fora do Brasil, rodando livremente após ser comprado de quem os tenha roubado. Acontece que, no transcorrer das investigações, a polícia descobriu que os irmãos simularam o roubo e que na hora da partilha do dinheiro da venda brigaram feio, indo ambos parar no hospital e, de lá, após terem alta, para a prisão, onde ainda se encontram. Tiveram que ficar em celas separadas, pois fazem ameaças recíprocas terríveis.

Seis meses após o transplante, Marcos procurou dr. Castanho. Magro, fisicamente aparentando fraqueza, mas bastante calmo e demonstrando também estar bem centrado, agora dentro da "curva", como ele próprio se ajuizara, disse ao juiz:

— Venho procurá-lo, doutor, em primeiro lugar para manifestar meu agradecimento por tudo o que o senhor tem feito por nossa família, e não me refiro apenas à Judite e ao Antônio, mas pelos meus outros irmãos e seus familiares.

— Ora, ora, caro Marcos. Nada tem a agradecer. Mas tenho a leve intuição de que vem aqui não apenas para exercitar essa tão bela virtude que é a gratidão, infelizmente tão deslembrada nos dias atuais...

— Sim, doutor Castanho, venho para pedir-lhe um favor especial: quero voltar a trabalhar. Não sou especialista em nenhuma atividade, mas aprendo logo. Será que o senhor pode me indicar alguém que esteja precisando de um funcionário meio que fraco, veterano e inexperiente, mas com grande vontade de ser útil?

Castanho levantou-se. Abraçou Marcos demoradamente. Logo em seguida, disse:

— Penso que posso sim ajudá-lo, pois estou à procura justamente de uma pessoa com esses "predicados" que você tem, aliados seguramente à honestidade e vontade de ser útil, como disse.

— Posso começar assim que o senhor decidir. O que terei que fazer, ou aprender?

— Volte para casa. Logo receberá a resposta.

Dessa forma, uma semana após essa breve entrevista, Castanho enviou convite a André, Mariana e Marcos para conhecerem com os familiares, dali a dez dias, no domingo pela manhã, as obras da Fundação Calvino. Ali fariam agradável caminhada coletiva familiar, onde seria servido um lanchinho, refrigerantes e sucos naturais — só para a família Calvino. O convite solicitava que fossem até a sede da Fundação, de onde todos seriam levados em ônibus até o respectivo canteiro de obras da Fundação.

Castanho também fazia preces para que Tadeu se juntasse à família. Não sabia como chegar até ele e convidá-lo.

Mas os fados, sempre os fados, novamente cumprindo ordens do destino, aprontaram mais uma.

Ditado popular reza que os milagres são a forma como Deus rascunha Suas decisões. Na verdade, o que ocorre, segundo a fé de quem ama a Deus e reconhece Jesus como seu "bom pastor", é que preces sinceras jamais deixam de ser atendidas.

Dois dias após Castanho enviar os convites para a visita à Fundação, Francisco atendia um cliente de cidade próxima à dos Calvino, que viera até sua bem-conceituada fábrica de móveis para comprar um sofisticado conjunto de quarto, cuja fama de classe, durabilidade e fino acabamento corria por muitas cidades do interior.

Apresentou-se a Francisco, escolheu os móveis que queria e já ia se retirando quando fez ligeiro comentário:

— Sabe, senhor Francisco, lá na minha cidade tem uma pessoa que tem o mesmo sobrenome da família do senhor.

— Ah, sim? Quem é?

— É um advogado muito importante. O nome dele é doutor Tadeu Calvino...

— É meu cunhado! Irmão de minha esposa, Mariana! — Esclareceu: — Assim, eles é que são da família Calvino.

O cliente ficou meio atrapalhado, pois cometera uma gafe: na verdade, futriqueiro, sabia desde antes de entrar na fábrica que Francisco era marido da filha do comendador Diogo Calvino. Disfarçou:

— Que coisa, hein? Como esse mundo é pequeno.

O cliente pensou um pouco e resolveu passar uma informação algo delicada. Mostrava-se constrangido, mas o impulso de contar falou mais alto nele e disparou:

— Com todo o respeito à família, não sei se devia contar para o senhor um fato que está agitando um pouco a sociedade da minha cidade...

— Esteja à vontade: eu não tenho nada contra meu cunhado.

— Pois é, como o senhor certamente sabe, seu cunhado reside há algum tempo com um companheiro...

— Sim, nós da família temos conhecimento desse fato, mas não temos absolutamente nenhuma informação sobre essa convivência. Aliás, esse é um assunto que nunca foi tratado em família. E penso que, se tiver que ser tratado, deva ser apenas pela família.

O cliente ficou algo desconcertado, mas Francisco o incentivou:

— O senhor disse que parte da sociedade de lá está agitada... Por quê? Tem algo a ver com Tadeu? O que será? Diga-me com franqueza.

— Daqui a três dias ele vai se casar... com o companheiro.

— Como o senhor sabe disso?

— Minha filha é secretária do doutor Tadeu.

Francisco não se abalou:

— Sei que a lei brasileira atualmente já consente esse tipo de relacionamento em pessoas do mesmo sexo. Não vejo motivo para que alguém condene ou tenha preconceito contra isso. Sou dos que não se fazem juízes nesses casos e, se o senhor quer saber, embora compreenda que tal não seja aceito pela maioria da sociedade, entrego a Deus.

— O senhor, em minha opinião, não está errado. Minha filha me contou, em segredo, que o casamento será celebrado no cartório, com pouquíssimos convidados. Disse-me que durante as tratativas o companheiro do doutor Tadeu foi diversas vezes lá no escritório e notou que os noivos demonstraram respeito, e quem sabe amor, um pelo outro... Não fizeram nenhum gesto ou ato que demonstrasse isso, da mesma forma como se portam na sociedade local. Estão sempre juntos, mas jamais em qualquer atitude que mostre como se relacionam. Ambos têm comportamento elegante, simplicidade e discrição. Na verdade, causam boa impressão.

— O senhor confirma que o casamento será mesmo daqui a três dias?

— Sim.

— Tem detalhes de se haverá alguma comemoração?

— Não tenho.

A seguir, o cliente se despediu.

Mas Francisco ficou com aquela informação saltitando em sua cabeça, sem dar trégua. Devia contar ou não para os Calvino? Venceu a amizade então fortalecida. Mariana presente no lar, Francisco reuniu lá Marcos, Judite, André e Cristina, repassando-lhes a notícia sobre Tadeu.

Dr. Castanho, grande amigo da família, foi também convidado para participar dessa reunião e ter conhecimento dessa notícia referente a Tadeu.

A presença do juiz foi bem-aceita por todos, pois então ele não vinha acompanhando os Calvino desde a morte do patriarca?

Foi Marcos quem, tomando a iniciativa, sugeriu:

— Tadeu é sangue do nosso sangue. Se papai e mamãe fossem vivos, com certeza estariam presentes nessa cerimônia. Mesmo reconhecendo que não se trata de algo rotineiro, na verdade a vida é deles e penso que só eles é que têm o direito de resolver o que querem, com quem, como e quando.

André deixou no ar uma expectativa subjetiva:

— Quem poderá afirmar que papai e mamãe não estejam conosco?

E complementou:

— Concordo com você, Marcos, a vida é mesmo deles. Interessante é que recentemente, lá no centro espírita que frequento, assisti a uma conferência de um psicopedagogo sobre o tema "Homoafetividade". Segundo o palestrante, a palavra *homoafetivo* foi criada e é utilizada oficialmente, de início para diminuir o sentido pejorativo dirigido ao relacionamento homossexual, daí passando a se constituir expressão jurídica voltada ao direito relativo à união de casais do mesmo sexo.

Cristina completou:

— Eu e André estávamos nessa palestra e me lembro de que o palestrante esclareceu que os homoafetivos há tempos pleiteavam o reconhecimento de seus direitos pela lei na formação de parceria. Foram atendidos, podendo formalizar sua união com parceiros do mesmo sexo, em casamento, com todos os direitos previstos em uma sociedade natural, inclusive, conforme os bons costumes. Assim, no seu convívio, que deve ser familiar, existirão obrigações, deveres e comprometimento. Tudo isso como base da família por eles então formada.

André retomou:

— Confesso que jamais alimentei preconceito contra pessoas do mesmo sexo que resolvem morar juntas. Não é que eu esteja a favor, mas acontece que para mim, no caso, essa é mesmo uma questão de foro íntimo, e só as duas pessoas é que têm responsabilidade sobre essa união.

Mariana comentou:

— Vocês disseram o que penso. Como católica, nunca aceitei esse tipo de união, cuja rejeição, aliás, existe de longa data na tradição do catolicismo. Contudo, em 2013, o papa Francisco manifestou sua tolerância em relação aos homossexuais na Igreja Católica, ao questionar diante de jornalistas: "Quem sou eu para julgar os *gays*?"; "Se uma pessoa é *gay*, busca Deus e tem boa vontade, quem sou eu para julgá-la?".

Mariana tomou fôlego e completou:

— O papa enfatizou que "o catecismo da Igreja Católica explica o tema da homossexualidade de forma muito bonita".

Pensou um pouco e sugeriu:

— Essa postura inédita do papa, quando de sua visita ao Brasil, em setembro de 2013, talvez — só talvez — parece ter sido exarada exatamente aqui no nosso país, tendo em vista a decisão de maio de 2013 do CNJ sobre casamentos civis de casais do mesmo sexo [5].

Dr. Castanho pediu pequeno aparte e lembrou:

— Esse palestrante, citado por André e Cristina, fez corretamente seus comentários sobre a nova regra criada pelo CNJ, que a partir de maio de 2013 obriga cartórios de todo o país a realizar casamento civil entre pessoas do mesmo sexo. Não objeta pensar que o CNJ provavelmente teria se inspirado em decisão tomada em maio de 2011 pela nossa Suprema Corte, o STF, ou Supremo Tribunal Federal, quando foi liberada a união estável homossexual.

---

[5] A Resolução nº 175, de 14 de maio de 2013, do Conselho Nacional de Justiça (CNJ), estabeleceu que a partir daquela data os cartórios de todo o Brasil não poderiam recusar a celebração de casamentos civis de casais do mesmo sexo ou deixar de converter em casamento a união estável homoafetiva.

Marcos propôs:

— Gente: vamos fazer uma surpresa para o Tadeu?

Houve aprovação unânime.

E assim, três dias depois, quando os noivos chegaram ao cartório em um automóvel luxuoso e desceram, foram recepcionados fraternalmente pelos irmãos de Tadeu, além de por outros familiares (cunhados, sobrinhos etc.) e pelo juiz Castanho.

Foi justamente ali, naquele segundo de toda a sua vida, que Tadeu — o Tadeu orgulhoso, indiferente a irmãos e familiares — encontrou-se talvez, embora minimamente, com uma explosão mental íntima parecida à que na Estrada de Damasco visitou e cegou por um tempo Saulo de Tarso, o doutor da lei de Roma, transformando inversamente seu procedimento de perseguição aos cristãos. (Aqui, óbvio, essa comparação guarda as devidas proporções.)

Tadeu transformou-se, de instantâneo, pois, quando André o abraçou, vindo Mariana e Marcos abraçá-lo simultaneamente, inesperadas, desconhecidas e até insuspeitadas quanto antigas, lágrimas despencaram dos olhos do famoso advogado.

Não ficou cego. Mas deixou de ser egoísta e permitiu que o amor fraternal invadisse todo o seu ser.

Se aquele abraço durou apenas alguns segundos, não importa. Ele selou a união de quatro almas que Deus colocara em um mesmo teto e que minutos antes traziam uma história de afastamento — incompreensões, ressentimentos e mágoas de um lado; distância e desprezo, de outro.

Judite e Francisco também participaram daquela emoção, abraçando Tadeu calorosamente.

O companheiro de Tadeu, algo constrangido, mas comovido diante de tanta consideração e amizade, com absoluta segurança, classe e educação, apresentou-se, sem esconder as lágrimas expostas:

— Sou August...

O sotaque deixou entrever que era de origem alemã.

Todos o cumprimentaram fraternalmente.

Tadeu e August estavam em clima de felicidade dupla: pela oficialização de sua união e pela demonstração amiga dos familiares.

E a união civil de Tadeu e August se formalizou no cartório.

Já casados, foram discretamente felicitados, tanto pelos familiares quanto pelos convidados, poucos, conhecidos do novo casal.

Concluído o breve cumprimento, Francisco surpreendeu a todos:

— Gente, vamos todos agora para o melhor restaurante da cidade, pois reservei o andar de cima para nosso almoço de confraternização. E será por nossa conta: os familiares de Tadeu.

Foi justamente durante esse almoço que André, em um gesto que ficaria para sempre na memória de Tadeu, entregou-lhe um documento, dizendo:

— Este é o meu presente de casamento.

Tadeu, sem entender direito, ficou meio constrangido, mas André encorajou-o:

— Vamos, leia e veja se você aceita...

Tadeu pegou na mão de August e nervosamente abriu, tomando conhecimento de que era proprietário de um lote de terreno considerável, suficiente para construir uma mansão, bem de frente para o mar, do tipo pé na areia — terreno antes meio que desprezado, mas que agora valia uma fortuna.

Há anos, talvez até nunca tivesse acontecido, mas naquele momento Tadeu quebrou todas as barreiras do politicamente correto e, dando vazão ao que lhe ia à alma, beijou André na face.

André retribuiu o beijo.

A seguir entregou um mesmo documento desses aos irmãos Mariana e Marcos. (Esse o segredo que guardava: um lote, no terreno praiano, para cada irmão, de presente...).

Novamente foi beijado no rosto. Do mesmo jeito, retribuiu os beijos.

Mas a cena mais comovente foi quando Marcos aproximou-se de Tadeu e entregou-lhe um cheque: de duzentos mil reais...

Tadeu não acreditou naquilo. Marcos era outro. Ele também precisava ser "outro". O irmão vinha resgatar uma dívida... No entanto, estando Marcos convalescente e sem trabalhar há meses, inclusive bancando despesas com os medicamentos e procedimentos médicos, daí que o irmão recém-casado decidiu: na mesma hora, pegou o cheque e rasgou-o.

Rasgar um cheque de duzentos mil reais: gestos como esse, no contexto que os envolvia, valiam milhões de vezes mais que dinheiro.

Dr. Castanho "intimou" Tadeu e August a também estarem presentes à caminhada prevista na área da Fundação Calvino.

Quando Marcos e Tadeu abraçaram-se, da mesma forma que Esaú e Jacó se reconciliaram, Castanho pensou nas escrituras hebraicas, que citavam exemplarmente a força do perdão.

## 12. A Fundação Calvino

O domingo amanheceu esplendoroso, com o Sol iluminando tudo.

Os familiares convidados pelo presidente da Fundação Calvino reuniram-se na sede, onde por tantos e tantos anos muitos ali residiram.

À chegada, notaram que agora havia um pórtico em arco, com um portão eletrônico entre duas belas colunas.

Quando entraram naquela casa de tantas e tantas lembranças, ficaram admirados com as transformações feitas, adaptando o que era fabulosa mansão em dependências inteiramente funcionais.

Com emoção viram a tábua sua conhecida, agora suspensa por correntes douradas acima da entrada do *hall*. Ricamente envernizada, nela lia-se a inscrição do parente que nela gravara o pensamento de João Calvino: "A oração é o antídoto para todas as nossas aflições".

Como programado, os convidados se deslocaram em um ônibus, da sede para a área das obras finais da Fundação Calvino, onde desde cedo dr. Castanho já os esperava.

A finalidade principal daquela visita era mostrar para a família Calvino em que pé estavam as obras da Fundação criada por Diogo.

Em rápidas palavras, Castanho explicou:

— Meu saudoso amigo Diogo, ao criar esta Fundação, não pensou só na cidade, mas, e principalmente, nos pobres que não mais ficariam à deriva, dormindo ao relento com seus filhos, ou então pagando aluguéis. Pensou em quantos alunos pobres ali seriam atendidos gratuitamente.

Contou como surgiu a ideia da construção da Fundação:

— Um ano após Diogo ficar viúvo, visitou-me lá no meu escritório e expôs sua intenção — abençoada intenção, penso eu

— de criar uma Fundação na nossa querida cidade. Obviamente aprovei na hora tal pensamento e me prontifiquei a ajudá-lo no que estivesse ao meu alcance. Assim, após algumas tratativas entre nós e mais dois amigos advogados, em menos de um mês demos entrada no fórum legal de toda a papelada processual para a criação legal da Fundação Calvino.

Respirou fundo e disse mais:

— Diogo logo cuidou de formar o necessário estatuto para reger a vida da Fundação. Redigimos este manual de comum acordo, a várias mãos: as do comendador, as minhas e as dos dois advogados, meus colegas e amigos. Em seguida, o estatuto foi devidamente registrado e homologado em cartório. Não demorou e Diogo realizou algumas nomeações, como a diretoria, o conselho administrativo e o conselho fiscal da Fundação.

Castanho esclareceu:

— Diogo se autointitulou presidente perpétuo da Fundação e distinguiu-me com o cargo de vice-presidente, perpétuo também...

Contou algo pessoal:

— O que mais me motivou a participar da Fundação foi quando Diogo me falou da parte dos animais. Como vocês sabem, eu e ele amamos os animais e sempre buscamos minorar-lhes eventual sofrimento ou abandono. Assim é que, no estatuto da futura Fundação há um item, não obrigatório, mas sugerido, de que os moradores adotem animais abandonados e cuidem durante toda a vida deles.

Julgou oportuno informar ainda:

— Diogo era um homem extremamente objetivo e criativo nos métodos aplicados em seus negócios. Foi assim que, tendo em vista que o projeto previa diversificadas edificações, contratou construtoras especializadas para cada uma delas. Com isso previu que em dois anos todo o parque da Fundação estaria pronto e em funcionamento.

A seguir, Castanho levou a comitiva para ver casas acabadas, simples:

— Como podem ver, cada casa tem generoso terreno. O projeto da Fundação é construir trinta casas dessas, previstas para as famílias pobres. Dez dessas casas já estão prontas, para as famílias iniciais. Os moradores têm pelo menos uma pessoa da família trabalhando aqui na Fundação.

Os visitantes adentraram uma das casas, e Castanho informou:

— Como há previsão de que todos os inquilinos tenham animais em suas casas, Diogo pensou numa forma de ajudá-los a criar esses animais: para tanto, nos fundos do terreno de cada casa, mandou construir abrigo para os animais, quais se fossem minicanis, ou gatis, ou recinto para aves. Tais abrigos têm que ser higienizados diariamente, ofertando segurança e tranquilidade para os animais quando neles. Dessa forma, as pessoas aprenderiam a tratar dos outros animais que permaneceriam na Fundação, sem serem de nenhuma família, sendo mantidos segundo suas espécies e observado seu comportamento. Assim, os animais, estando tutelados por tratadores, seriam induzidos com carinho a serem mansos, dóceis e amigos uns dos outros.

Participou sobre os entendimentos entre ele e Diogo a respeito dos moradores:

— Diogo conversou comigo sobre o comportamento das famílias carentes e decidimos que só obterão o benefício se cumprirem as normas estatutárias, que prevê educação dos filhos, além de trabalho honesto dos familiares que para isso tenham condições. Antes de ocuparem os imóveis residenciais da Fundação, as famílias que nela trabalharem ou residirem serão detalhadamente informadas dos compromissos recíprocos, da Fundação e delas; após, deverão assinar contrato de observação das normas administrativas da concessão da moradia, na presença de duas testemunhas suas e duas da Fundação.

Completou:

— As casas prontas e as futuras contarão com área para pequeno jardim na frente e, nos fundos, possibilidade de horta para os que quiserem. Estas casas foram erguidas com tijolos e telhas da olaria.

Como algumas pessoas demonstrassem surpresa, Castanho explicou:

— A Fundação possui uma olaria, porque próximo daqui, onde foram edificados os vários prédios funcionais, aproveitamos a argila de excelente qualidade existente nos barrancos às margens do leito do rio que corta os fundos desta área. Edificamos uma olaria e contratamos três cidadãos mestres oleiros, aposentados, que junto com estagiários diversos já produziram material básico para as construções. Os estagiários aspiram obter um emprego, e sua meta é aprender essa profissão tão antiga. Os que perseverarem e dominarem essa atividade serão contratados.

Encheu os pulmões de ar e anunciou:

— Neste momento dou posse no cargo de gerente administrativo da olaria ao senhor Marcos Calvino.

A surpresa foi geral, seguida de cumprimentos para o novo gerente...

Marcos jamais pensara em gerenciar uma olaria, mas de imediato a ideia o encantou, pois estaria em contato com o rio, com a argila, com artesãos... Pensou: *Eu próprio serei um estagiário.*

Castanho conduziu a comitiva para outra edificação:

— Aqui está o abrigo para alguns animais, quase pronto. Como viram, já estão prontos os acessos pavimentados para a sede da Fundação, as casas, as dependências veterinárias e a olaria.

Respirou fundo uma vez mais e causou enorme surpresa ao declarar:

— Aqui ainda não estão totalmente prontas as obras, mas o futuro diretor da clínica veterinária, o doutor Antônio Silveira

Calvino, aqui presente, mais sua esposa, a enfermeira veterinária Helena, preveem que em no máximo três meses a clínica estará funcionando. O casal já está contratado há uma semana, mas solicitou-me que desse essa notícia só nesta visita de agora.

Disse mais sobre a clínica veterinária:

— A Fundação contratou uma empresa especializada em equipamento veterinário e só iniciaremos o atendimento a animais quando estiverem instalados ambulatório com área para banho e tosa, sala de cirurgia, radiologia, almoxarifado, cozinha, depósito de alimentos, microfarmácia, abrigos separados para cães e gatos.

Emendou:

— O atendimento será meio tímido de início, mas com o tempo certamente equinos, bovinos, aves e alguns animais silvestres também encontrarão a Fundação com as portas abertas.

Castanho deu um esclarecimento importantíssimo:

— A Fundação, desde o primeiro tijolo assentado, esteve e estará permanentemente sob auditoria independente, composta por um grupo não ligado a ela. Já estão contratados três profissionais de seguros, para fiscalizar o cumprimento do estatuto e principalmente pela aplicação dos bens que foram ou serão futuramente repassados. Lembro que todos os recursos financeiros para a manutenção das atividades da Fundação provêm dos três supermercados que Diogo manteve e são, aliás, os que maiores rendimentos ofertam.

Respirou e deu a, para ele, grande notícia:

— O mais importante do projeto da Fundação é a Faculdade de Veterinária, com previsão para iniciar atividades no próximo ano. Os alunos, que já estão sendo selecionados, terão oportunidade de iniciar aprendizados sob orientação dos professores que, além de aulas, simultaneamente atenderão aos animais abandonados desta e de outras cidades. Uma coisa que Diogo enfatizou é que o tratamento aqui seja feito, dentro do possível, a preços irrisórios, mas psicologicamente indispensáveis, para que os donos desses animais valorizem o que pagaram.

Acrescentou:

— Os alunos que puderem, a justo critério dos nossos auditores, pagarão mensalidade; os que não puderem, terão curso gratuito, desde que devidamente aprovados em exames vestibulares e resultado de sindicância quanto à verdadeira condição social e quanto ao ideal de serem veterinários. Quando formados, ressarcirão a Faculdade com trabalho.

O juiz conduziu o grupo para outras partes da Fundação, onde árvores ofertavam agradável sombra. Ali na Fundação, foram plantadas incontáveis árvores frutíferas, pois, segundo ordem de Diogo, onde há árvore frutífera também ali haverá pássaros. O comendador aprendera essa filosofia com um famoso médico fundador de uma universidade.

Andaram mais alguma distância e chegaram a uma agradável área onde corria um riacho. Sentados em bancos rústicos, todos fizeram ali seu descanso, saboreando um gostoso lanche com refrescos.

A seguir, Castanho sugeriu encerrar o passeio pelo parque da Fundação e perguntou:

— Algum de vocês quer dizer alguma coisa sobre a nossa Fundação?

Para surpresa geral, Tadeu se manifestou:

— Não sei se todo mundo aqui vai me considerar doido, maluco ou sei lá o quê, mas preciso contar uma coisa que aconteceu durante nosso passeio...

Todos ficaram aguardando o que seria.

Tadeu se mostrava retraído, constrangido. Disse:

— Tenho medo, mas não posso ocultar uma visão que eu tive aqui.

Olhou para os irmãos, os cunhados, os sobrinhos, para o juiz.

Afinal, pegou na mão de August, como se precisasse de apoio. Que veio: August tomou a iniciativa e quase ordenou:

— Você não pode esconder mais. É melhor contar para todos...

Fortalecido, Tadeu desabafou:

— Papai e mamãe nos acompanharam neste passeio com o doutor Castanho.

Disse isso de um só fôlego, como se quisesse se livrar de um pesado fardo.

Foi André quem o socorreu:

— Se você viu papai e mamãe e não foi apenas um *flash*, isto é, apenas visão de menos de um segundo, e a visão se repetiu, pode ter certeza, meu caro irmão: você é médium de vidência, ou melhor, você vê Espíritos com clareza...

August julgou oportuno acrescentar:

— Não é a primeira vez. Tadeu não passa semana sem me contar que viu Espíritos que ele tem certeza de que já morreram. Essa certeza dele vem do fato de que vê a mãe de tempos em tempos; o pai, esta é a primeira vez.

André comentou:

— Tadeu, isso é normal. Diga-me uma coisa: quando você vê Espíritos, eles não dizem nada para você?

— Esse é o problema, André; vejo-os, sei que eles me veem, mas nunca me disseram nada. Não obstante, no meu pensamento, identifico qual a razão dessas visões, pois todos me repassam mentalmente: *Você precisa trabalhar...*

Todos ouviam atentos. Cristina dissertou:

— A mediunidade, qualquer dos vários tipos que existem, de fato é uma bênção que Deus concede à pessoa encarnada, para que ela trabalhe essa faculdade, sempre a benefício do próximo. Como toda faculdade, deve ser empregada com responsabilidade. A caridade de Jesus é tamanha e tanta que, ao ajudar alguém com essa poderosa e abençoada ferramenta espiritual, o médium é o primeiro a ser beneficiado.

Fez pausa para Tadeu captar o que dizia e prosseguiu:

— O Espiritismo tem como premissa que todos nós da humanidade terrena temos contas com o passado, isto é, com nossas vidas passadas. E essas contas são resgatadas pela reencarnação, que nos oferta várias existências terrenas. O exercício da mediunidade é uma das infinitas possibilidades postas à nossa disposição para trabalharmos e com isso nos quitarmos perante o tribunal da própria consciência.

André ratificou o que a esposa dissertara e convidou:

— Nos centros espíritas, os médiuns encontram meios de desenvolver a prática dessa faculdade que está na Terra desde o primeiro homem... Se você quiser, meu irmão, teremos o maior prazer e alegria em iniciá-lo nos ensinamentos espíritas.

O convite calou fundo na alma de Tadeu.

O juiz atalhou:

— Tendo em vista o que combinamos, penso que você poderá visitar o centro espírita deles e, se gostar, aprender sobre o Espiritismo com eles. Até eu estou com vontade de ir lá um dia...

— Se o senhor for, eu e August iremos também.

Tadeu olhou candidamente para o companheiro, que rebateu:

— Não temos nada a perder. Aprender mais coisas é muito bom.

Cristina, alegre e brincalhona, interrogou ao juiz:

— O que o senhor e Tadeu andaram combinando?

O juiz pediu que Tadeu contasse. E ele contou:

— Vou transferir meu escritório de advocacia para esta cidade. Há tempos que, graças a Deus, crescemos bastante e precisamos expandir. August também é advogado e somos sócios. O escritório original será transformado em filial; até já contratamos um amigo muito valoroso para tomar conta dos processos lá. Quando doutor Castanho me ofereceu, eu aceitei na hora ser responsável pelo departamento jurídico da Fundação Calvino. Estarei mais perto de vocês...

Acrescentou:

— Trabalharei para a Fundação em meio período diário, e August ficará o dia todo no novo escritório. Penso que é por isso que doutor Castanho disse que eu poderei visitar seu centro espírita, André, e quem sabe até passar a frequentá-lo, se essa for a vontade de Deus.

Pela ressonância das palavras de Cristina e André, até parece que o casal falara não apenas para Tadeu, mas para todos os visíveis, e, segundo o próprio Tadeu confirmaria mais tarde, para uma grande quantidade de Espíritos que ali haviam comparecido. Dentre eles, Diogo e Anamaria.

André, muito feliz, julgou por bem dar outra informação:

— Meu escritório continuará com os clientes, mas vamos instalar outra contabilidade na Fundação, de início, também em regime de meio expediente, para cuidar de toda a parte contábil dos três supermercados e da questão trabalhista na Fundação.

Para coroar aquele domingo de tão expressiva movimentação espiritual na família Calvino, Tadeu disse, trêmulo:

— Estou vendo de novo, agora um Espírito abraçado com papai... Ele é nosso avô paterno. Duas mulheres estão com vovô. Uma é vovó e a outra foi empregada deles; usa trajes indígenas e olha ternamente para o juiz.

Castanho, inexplicavelmente, começou a chorar.

— Papai! Mamãe!

— Vovô, papai e a mulher também estão chorando... — acrescentou Tadeu.

Por sugestão de Mariana, aceita no mesmo instante por todos, deram-se as mãos, formando um círculo e iniciando a oração do Pai-Nosso em voz alta.

Concluída a oração, Tadeu disse, empolgado:

— Vocês não imaginam quantas luzes coloridas nos banharam...

Como em um lamento, concluiu:

— Todos foram embora.

Não houve como não se abraçarem, comovidos. Comovidíssimos.

Todos olhavam para o juiz, o grande amigo dos Calvino, o grande juiz de direito, tão festejado na cidade, o protetor dos sobrinhos e companheiro inseparável do pai deles. Tanto tempo, tantos anos, tanto compartilhamento, e só agora o mistério que de algum tempo rondava a mente dos filhos de Diogo e Anamaria se desfazia: Carlos Ferreira Castanho era irmão de Diogo. Irmão por parte de pai. Logo, tio deles...

Todos abraçaram o juiz, que, por fim, dirigiu-se em particular aos "novos" quatro sobrinhos biológicos, identificando-se:

— O pai do pai de vocês, casado, estando Diogo já com dez anos, filho único, teve um caso com uma empregada, descendente de família dos antigos índios da região, caso esse que não durou nem um mês. Depois, ele com a família mudaram-se da cidade e nunca mais se viram. Do relacionamento com o avô de vocês, minha mãe ficou grávida, mas meu pai não morava mais na cidade e ninguém soube dizer para onde tinha se mudado. Quando eu nasci, minha mãe, sem condições sequer para a própria sobrevivência, deu-me para adoção. Ao crescer, tendo feito faculdade de Direito e alguns anos após tendo passado no concurso para juiz, resolvi pôr em pratos limpos quem eram meus pais biológicos. Muito me ajudou o casal sem filhos que me adotou e que também já não está conosco na Terra.

Castanho respirou fundo, fez pausa e logo continuou:

— Não tive dificuldade para localizar minha mãe, então idosa e internada numa clínica para idosos. Contou-me detalhadamente tudo isso que eu relatei. Assisti-a até seu último dia de vida. Disse-me que meu pai tinha outro filho, o Diogo, meu irmão por parte de pai. Não quis procurá-lo porque soube que ele estava muito rico e tinha muitos filhos; ela iria perturbá-lo para quê?

Muito emocionado, enxugou algumas lágrimas e seguiu:

— Tive vontade várias vezes de contar para Diogo tudo isso, mas, sendo ele riquíssimo, indubitavelmente minha aparição como irmão iria desencadear uma grande perturbação na vida dele, e na de vocês... Segui o mesmo procedimento de mamãe.

Nova parada, para acalmar as emoções que o assaltavam, antes de prosseguir:

— Como juiz não tive dificuldades em comprovar minha irmandade com Diogo, isso quando ele estava com setenta anos e vocês quatro já eram adultos também. Fiquei anos e anos sem revelar esse segredo, até receber o convite dele para a comemoração dos seus oitenta anos. Marquei uma entrevista em ambiente neutro e apresentei a ele todas as provas do nosso laço consanguíneo. Ficou emocionadíssimo. Choramos como dois bebês destemperados. Ele decidiu que na comemoração do seu octogésimo aniversário contaria tudo para vocês e para a sociedade... Só que infelizmente o coração dele não permitiu isso, eis que já estava enfraquecido há tempos, conforme me narrou, quando me convidou para ser vice-presidente da Fundação que ele iria inaugurar na cidade.

Os quatro irmãos, e todos os demais familiares, em um gesto que o amor familiar comandou, e mais que isso, com o amor fraternal falando alto na alma deles, abraçaram o tio querido.

Marcos puxou um carinho vocal, falando alto:

— Viva o tio Castanho! Deus seja louvado!

Todos repetiram.

August, até então calado, prestando atenção em todos aqueles acontecimentos tão fortes para a família, comoveu-se e ofereceu:

— Meus pais moram na Alemanha e estão muito bem de saúde e financeiramente. Meu pai é diretor de uma entidade internacional que ajuda ONGs beneficentes pelo mundo todo. Tem associados bem posicionados, não apenas na política, mas também industriais e empresários de grande porte.

Tomou afetivamente a mão de Tadeu e perguntou:

— Se vocês me autorizarem, convidarei papai e mamãe para virem ao Brasil conhecê-los e então nós os conduziremos até aqui na Fundação; tenho certeza de que vão ajudar bastante.

Castanho, dirigindo-se aos sobrinhos:

— Posso falar em nome da família Calvino? Porque, em nome da Fundação, já decidi...

Todos concordaram, e então o juiz expressou seu pensamento:

— A sede da Fundação, que era a residência de vocês, segundo ideia do seu pai, já passou por várias adaptações e algumas ampliações, como vocês viram hoje de manhã. A parte de baixo destinou-se à administração, diretoria, sala de reuniões e ao pequeno auditório; a parte de cima foi transformada em hospedagem para convidados. Assim, os primeiros convidados serão seus pais, August.

— Senhor juiz Castanho: muito obrigado.

Castanho, descontraindo August, sempre fraternal, "determinou":

— Não me chame mais assim. Não se esqueça de que você também passou a ser meu sobrinho.

A seguir, Castanho dirigiu-se a Antônio e Helena:

— Vocês não vão nos convidar?

Todos olharam para o filho de Marcos e Judite, algo encabulados.

Antônio confessou:

— Estamos meio envergonhados, porque num momento de irresponsabilidade mantivemos um encontro íntimo. Para dizer a verdade, desde jovem eu gostava dela, mas nunca nos aproximamos. Porém um dia, em que eu estava abalado com o fim do amor no meu casamento com Mara, aconteceu de nos encontrarmos numa festa de casamento. Aproximamo-nos e eu não consegui mais ocultar meu amor por ela.

Olhou ternamente para Helena e prosseguiu:

— Qual não foi minha surpresa, que me fez quase cair para trás, quando ela pegou em minhas mãos e disse que há anos me amava, em silêncio, porque eu era um homem casado e com filhos...

Completou:

— O resto vocês já sabem. Vovô foi minha âncora para eu não me afundar no mar revolto da minha vida e causar um grande transtorno na família. Ele combinou comigo que adotaria a criança e, sabendo sobre meu casamento, em vias de divórcio, sabia que depois eu assumiria a paternidade.

Respirou fundo e acrescentou:

— Meu divórcio se complicou porque Mara fez exigências absurdas, gritando perante os advogados que eu era de família muito rica, que nunca dera atenção a ela e que por minha causa não tinha feito faculdade. Disse uma porção de mentiras e exigiu muito dinheiro. Como poderia atendê-la? Então, vovô morreu. Felizmente, eu consegui provar que não dispunha do dinheiro que ela pretendia, até porque Mara não se casara com a família Calvino, e sim comigo...

Relatou um segredo:

— Quando papai se recuperou parcialmente do transplante, eu contei tudo sobre Mara para ele e mamãe. Foi assim que eu me livrei dela, porque meus pais deram trezentos mil reais para ela e o divórcio se consumou.

Castanho viu que o sobrinho/neto estava muito nervoso e o acalmou:

— Você não está em julgamento. O que nós queremos saber é...

As reticências de fato acalmaram Antônio, que relatou:

— Estão todos convidados para meu casamento com Helena!

Marcos, abraçado a Judite, confabulou algo com ela e a seguir falou:

— Aquela casa nossa que está vazia agora é de vocês. É o nosso presente de casamento.

Antônio, embevecido, abraçou os pais. Helena abraçou-os também.

Antônio olhou ternamente para Helena, no que foi compensado com um forte abraço dela, guardado há tanto tempo.

Beijaram-se de corpo e alma...

Do primeiro ao mais recente beijo na humanidade, unindo duas almas que se amam, sempre poderão ser comparados bilhões e bilhões de outros beijos ocorridos na soma de todos os tempos.

Então, um poeta diria que o firmamento também tem bilhões e bilhões de estrelas e que cada beijo com o selo de puro e imortal amor tem como madrinha uma daquelas estrelas e como padrinho, o Sol.

Não é isso que se vê tantas vezes na Terra, a cada vinte e quatro horas?

Livro: *Heranças e tempestades* — personagens (fictícios)

Diogo – riquíssimo, casado, com quatro filhos

Anamaria – esposa de Diogo

Marcos, Tadeu, Mariana e André – filhos do casal Diogo/Anamaria

Judite – esposa de Marcos

August – companheiro de Tadeu

Francisco – marido de Mariana

Cristina – esposa de André

Lucas – filho do casal André/Cristina

Nelson – filho do casal Lucas/Diana

Antônio – filho de Marcos/Judite

Adelino – cerimonialista

Dr. Castanho (Carlos Ferreira) – juiz aposentado
Vânia – primeira esposa de Castanho (desencarnada)
Odete – segunda esposa de Castanho
Dr. Jorge – médico da família Calvino
Dr. Campos (Urbano) – delegado de polícia
Hamilton – governante da mansão de Diogo
Helena – filha de Hamilton
Benjamin e Sofia – casal donos do armazém
Aníbal – prefeito da cidadezinha
Olavo – arquiteto de casas e escola no terreno de André
Tales – agrimensor no terreno de André
Evelino – dono do terreno vizinho ao de André
Dr. Alexandre – juiz da cidadezinha
Dr. Juliano – médico de transplantes
Diego – filho de Antônio/Helena

*Animais*
*Brigitte, Chico e Estrelinha* – gatos de Diogo
*Bibi* – cachorrinha de Campos
*Kalô* – calopsita de Castanho
*Tufão* – cão pastor-alemão de Marcos
*Safira* e *Luar* – cavalos do sítio de Benjamin

# ROTEIRO DE ESTUDOS DAS OBRAS DE ANDRÉ LUIZ

ESTUDOS, COMENTÁRIOS E RESUMOS DA SÉRIE: "A VIDA NO MUNDO ESPIRITUAL"

**EURÍPEDES KÜHL**
Estudo Doutrinário
16x23 cm  |  512 págs
ISBN 978-85-99772-94-2

**GRÁTIS** - CD COM PRECES E MENSAGENS DA SÉRIE

A coleção de livros de autoria do Espírito André Luiz, psicografada pelo médium Francisco Cândido Xavier (alguns em parceria com Waldo Vieira), constitui um abençoado acervo de ensinamentos. Nessa obra, Eurípedes Kühl apresenta resumos, observações e sugestões para facilitar o estudo de todos os livros dessa coleção. Em formato de roteiro, esse livro poderá ser estudado individualmente ou em grupo. Indispensável para aqueles que buscam conhecer o Espiritismo ou se aprofundar nos conhecimentos da Doutrina.

—————————— ADQUIRA JÁ O SEU ——————————

Catanduva-SP 17 3531.4444  |  www.boanova.net  |  boanova@boanova.net

# AUTORES DIVERSOS

Essência divina do amor (A)
Eduardo Rossatto
Romance | Páginas: 280
16x23 cm

Quando é inverno
em nosso coração Américo
Simões/Clara
Romance | Páginas: 352
16x23 cm

Loucuras de uma paixão
Maria Estela Orlandeli
Romance | Páginas: 208
16x23 cm

Deixe-me partir
Tânia Fernandes de Carvalho
Espiritismo | Páginas: 232
14x21 cm

Morreu e não sabia
José Manuel Fernandez
Romance | Páginas: 224
16x23 cm

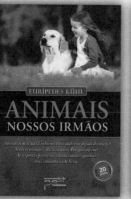

Heranças e Tempestades
Eurípedes Kühl
Romance | Páginas: 208
16x23 cm

Animais, nossos irmãos
Eurípedes Kühl
Científico | Páginas: 208
16x23 cm

   *www.petit.com.br*

# VERA LÚCIA MARINZECK DE CARVALHO

O que eles perderam
Romance | 16x23 cm | 256 páginas

Esse livro nasceu do trabalho de uma equipe do plano espiritual que participou de alguns casos de obsessão. O que pensam e sentem aqueles que querem se vingar? E o obsediado? A vítima naquele momento. Será que é só uma questão de contexto? Esta leitura ora nos leva a sentir as emoções do obsessor ora as dores do obsediado. Por um tempo, ambos, obsessor e obsediado, estiveram unidos. E o que eles perderam? Para saber, terão de ler esta preciosa obra.

Copos que andam
Romance | Páginas: 200
16x23 cm

Por que comigo?
Romance | Páginas: 208
16x23 cm

O sonâmbulo
Romance | Páginas: 160
14x21 cm

Muitos são os chamados
Romance| Páginas: 192
14x21 cm

Novamente juntos
Romance | Páginas: 264
16x23 cm

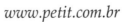

# DITADO PELO ESPÍRITO ANTÔNIO CARLOS

Histórias do passado
Romance | 16x23 cm
240 páginas

A casa do bosque
Romance | Páginas: 202
14x21 cm

A casa do penhasco
Romance | Páginas: 168
14x21 cm

O céu pode esperar
Romance | Páginas: 192
14x21 cm

O que encontrei do outro lado da vida
ditado por: Espíritos Diversos
Romance | Páginas: 192
14x21 cm

Reflexos do passado
Romance| Páginas: 192
14x21 cm

Filho adotivo
Romance | Páginas: 208
16x23 cm

A mansão da pedra torta
Romance| Páginas: 192
16x23 cm

Aqueles que amam
Romance | Páginas: 192
14x21 cm

# VERA LÚCIA MARINZECK DE CARVALHO

Cativos e libertos
Romance | Páginas: 288
16x23 cm

Entrevistas com os espíritos
Vida no além | Páginas: 270
14x21 cm

Sonhos de liberdade
Vida no Além | Páginas: 256
14x21 cm

O último jantar
Romance | Páginas: 220
16x23 cm

O jardim das rosas
Romance | Páginas: 192
16x23 cm

Ah, se eu pudesse voltar no tempo!
Romance| Páginas: 192
16x23 cm

  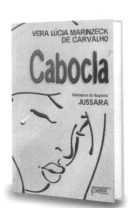

O difícil caminho das drogas
ditado por Rosangela
Narrativa | Páginas: 208
14x21 cm

Histórias maravilhosas da espiritualidade
Romance | Páginas: 160
14x21 cm

Cabocla
ditado por: Jussara
Romance | Páginas: 184
14x21 cm

www.petit.com.br | 17 3531.4444 | atendimento@petit.com.br

# DITADO PELO ESPÍRITO ANTÔNIO CARLOS

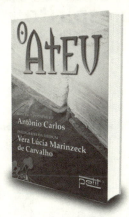

O caminho das estrelas
Romance | Páginas: 256
16x23 cm

O ateu
Romance | Páginas: 240
14x21 cm

O Castelo dos sonhos
Romance | Páginas: 232
14x21 cm

O cravo na lapela
Romance | Páginas: 252
14x21 cm

Flores de Maria
Romance | Páginas: 224
16x23 cm

A gruta das orquídeas
Romance | Páginas: 416
16x23 cm

Morri! e agora?
Romance | Páginas: 224
14x21 cm

Palco das encarnações
Romance | Páginas: 160
14x21 cm

Reconciliação
Romance | Páginas: 304
16x23 cm

    *www.petit.com.br*

# VERA LÚCIA MARINZECK DE CARVALHO
## Obras ditadas pelo espírito **Patrícia**

Violetinhas na janela
20x27 cm | 96 páginas

Violetas na janela
16x23 cm | 296 páginas

Box contendo 4 livros

A casa do escritor
16x23 cm | 248 páginas

O voo da gaivota
16x23 cm | 248 páginas

Vivendo no mundo dos espíritos
16x23 cm | 272 páginas

  *www.petit.com.br*

# JOSÉ CARLOS DE LUCCA
## AUTOR COM MAIS DE 1 MILHÃO DE LIVROS VENDIDOS

**ATITUDES PARA VENCER**
Desenvolvimento Pessoal
Páginas: 128 | 14x21 cm
Se você está em busca do sucesso, encontrou o livro capaz de ajudá-lo a vencer. O autor explica, na prática, o que devemos ou não fazer. Quer vencer na vida? Vá ao encontro do sucesso, seguindo as recomendações dessa obra.

**VALE A PENA AMAR**
Autoajuda | Páginas: 168
14x21 cm
Em cada capítulo dessa obra descobrimos que está ao nosso alcance vencer as aflições, a dor e a desilusão. Páginas restauradoras do ânimo e da esperança, fortificam o espírito e despertam forças que precisamos ter para alcançar o sucesso!

**COM OS OLHOS DO CORAÇÃO**
Família | Páginas: 192
16x23 cm
A felicidade no lar está ao nosso alcance. Para obtê-la, é necessário enxergar nossos familiares com "Com os olhos do coração". Veja o que é possível fazer para encontrar a paz entre os que a divina providência escalou para o seu convívio familiar.

**FORÇA ESPIRITUAL**
Autoajuda | Páginas: 160
16x23 cm
Todos nós merecemos ser felizes! O primeiro passo para isso é descobrir por que estamos sofrendo. Seja qual for o caso, nada ocorre por acaso. Aqui encontramos sugestões para despertar a força espiritual necessária para vencer as dificuldades.

**SEM MEDO DE SER FELIZ**
Dissertações | Páginas: 192
14x21 cm
Em todos os tempos, o homem buscou a felicidade. Mas que felicidade é essa? O encontro de um grande amor, a conquista de riqueza, de saúde? Este livro nos mostra que a felicidade está perto de nós, mas para alcançá-la, precisamos nos conhecer.

**PARA O DIA NASCER FELIZ**
Autoajuda | Páginas: 192
14x21 cm
Encontrar a verdadeira felicidade requer mudança da nossa atitude perante a vida - o pensamento positivo, a aproximação com Deus... Para o dia nascer feliz, é só abrir uma dessas páginas e seguir em frente, na certeza de que o melhor está por vir.

**JUSTIÇA ALÉM DA VIDA**
Romance | Páginas: 304
14x21 cm
Numa história fascinante são relatados os mecanismos da justiça à luz da espiritualidade. O autor descreve o ambiente dos tribunais do ponto de vista espiritual. Uma amostra de como os caminhos escolhidos podem delinear a felicidade ou o sofrimento do amanhã.

**OLHO MÁGICO**
Autoajuda | Páginas: 160
14x21 cm
Leitura fácil e envolvente, revela histórias e pensamentos que servem para refletirmos sobre novas soluções para nossas dificuldades. Para o autor, a felicidade está ao alcance de todos, basta apenas descobri-la em nossos corações.

www.petit.com.br

Av. Porto Ferreira, 1031 - Parque Iracema
CEP 15809-020 – Catanduva – SP
17 3531.4444
www.petit.com.br | petit@petit.com.br